大奥御用商人とその一族

大奥御用商人とその一族

道具商山田屋の家伝より

畑尚子

岩波書店

目　次

目次図版：「江戸名所図会」より

はじめに――「永久田家務本傳」とその作者

ここに、ある江戸の商人が書き残した一つの記録がある。その名は「永久田家務本傳《えいきゅうでんかぶほんでん》」、著者は、江戸城大奥や大名家に出入りしていた道具商・山田屋の六代目当主、黒田庄左衛門徳雅《くろだしょうざえもんのりまさ》(安永二年〈一七七三〉―安政二年〈一八五五〉)という人物である(以下「徳雅」と記す)。徳雅が御用商人として活躍した時期は、一一代将軍徳川家斉《いえなり》(以下将軍と徳川を省略)の時代とほぼ一致する。

幕府の御用商人というと、多くの人は三井《みつい》や鴻池《こうのいけ》といった近代に財閥となる大店《おおだな》を思い浮かべるだろうが、山田屋は、今でいえば中小企業ともいうべき規模の、江戸市中に数多く存在していた商家の一つであった。

実は、徳雅は狂歌師《きょうかし》としても知られており、狂歌名を山田早苗《さなえ》という。狂歌の師は石川雅望《まさもち》(宿屋《やどやの》飯盛《めしもり》)で、雅望が編纂し文化八年(一八一一)に刊行された「狂歌画像作者部類」には、頬杖をついた徳雅の姿が収められている(図1。徳雅の生い立ちや人となりについては、本書第二章でより詳しく述べる)。

この文人としての顔も持つ商人・黒田徳雅の手になる「家伝」を読み解いていくと、時には事件に巻き込まれて家業の存続が危うくなったり、火事に見舞われたり、泥棒に入られたり、と、まるで時

早苗本姓黒田名懿字徳雅号
橘樹園又号嘯齋俗称荘左衛
門東都四ッ谷ノ人
山田
早苗

図１　山田早苗（黒田徳雅）肖像（「狂歌画像作者部類」より，国文学研究資料館蔵）

代劇さながらの情景が浮かび上がる。さらに、商売を通じて垣間みられる大奥の事情についても、これまで知られていなかった貴重な情報を多く含んでいて興味が尽きない。そこで本書では、この「永久田家務本傳」を手掛かりに、主に家斉の時代の大奥を舞台にどのように商売が行われたのかをひもといていこうと考えている。

「永久田家務本傳」の原本は、東京都青梅《おうめ》市の黒田佳孝氏が所蔵するものである。黒田家には他にも徳雅が早苗名で詠んだ狂歌や、幕末期の黒田家の経営の状況を知ることができる「奥帳」などが大切に伝えられている。山田早苗として執筆した数多くの紀行文は現在、青梅市郷土博物館に保管されている。

「永久田家務本傳」は全一二巻（一一六段）及び総目録一巻からなる（ただし、七一段から八四段までは現存しない）。青梅市教育委員会はまず総目録を平成十六年（二〇〇四）に刊行した。その後本文の翻刻もなされ、平成三十年から令和二年（二〇二〇）にかけて、『青梅市史史料集　第五十七号―五十九号』として刊行された。翻刻のための解読を行い、解題を執筆したのが小澤弘子氏で、小澤氏は同書を「徳雅が子孫に残す黒田家の家憲をも兼ね、先祖以来の事跡を丹念にしかも広範囲にわたって述べた黒田家の歴史である」とまとめている。

徳雅は天保十一年（一八四〇）に六八歳で隠居し、家の日記などの記録は息子祥愛《よしちか》に引き継いだ。そして時間に余裕ができた徳雅が取り組んだのが「永久田家務本傳」の執筆であったと考えられる。序文にある「天保十二辛丑季春」が、ある程度草稿がまとまった年で、亡くなる二年前頃までは日記を読み返しては追記・訂正・加除を繰り返していただろう、と小澤氏は推察する。

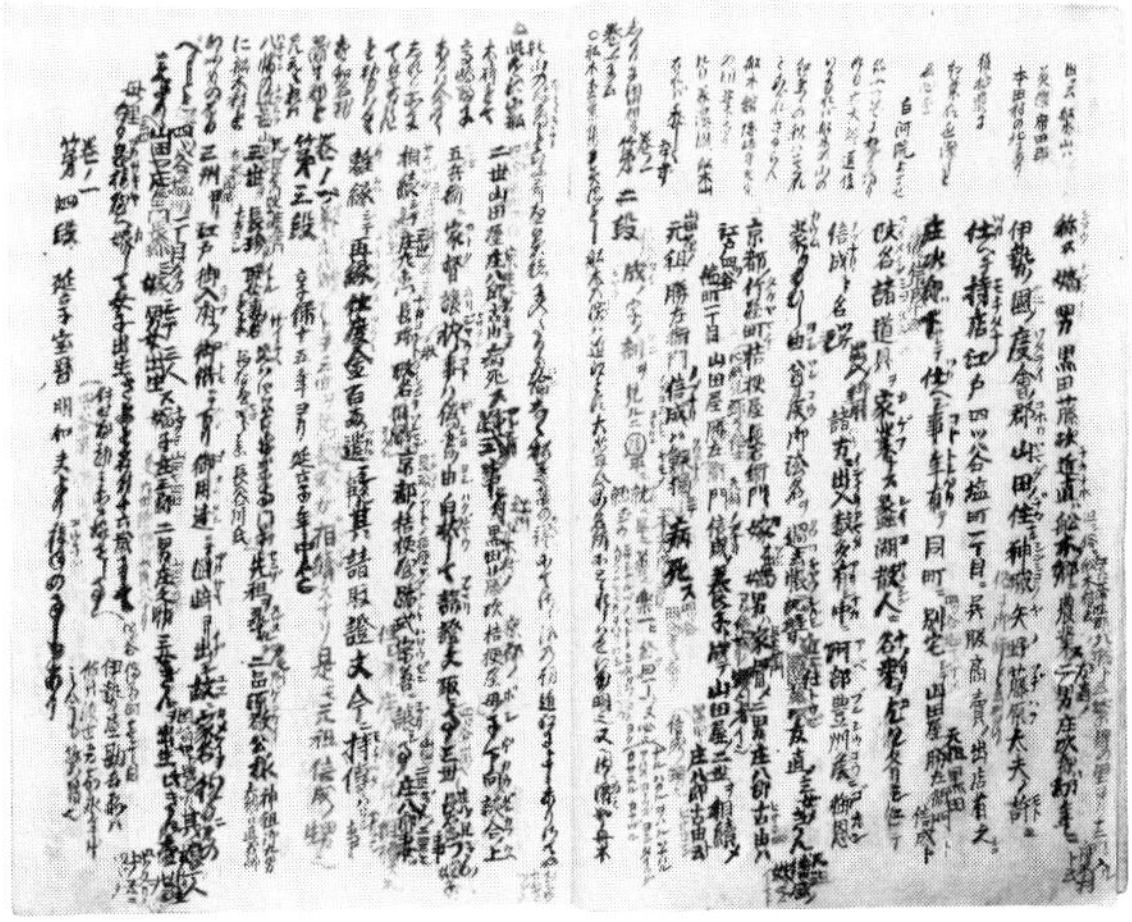

図２ 「永久田家務本傳」壱（個人蔵．新宿歴史博物館『四谷塩町からみる江戸のまち』より転載）

江戸時代には日記を書くという習慣が広く庶民にまで浸透した。将軍家や大名家には右筆《ゆうひつ》という文書や記録の作成を担当する役職が置かれ、彼らにより日記が書かれただけでなく、様々な部署で公的な日記が綴られた。名主《なぬし》クラスの農家や商家では当主が家の日記を認《したた》めた。その内容は大概、天候から始まり淡々とその日の出来事を綴ったものである。公私の別や筆記者の立場などによって日記を分類する研究が進められている。

「永久田家務本傳」は日記ではないが、いわゆるエゴ・ドキュメントという記録の範疇に入るだろう。この言葉はごく最近使われだしたもので〔長谷川、二〇二〇〕、自己語りで感情が読み取れる記述を指し、史料形態としては手紙、日記、旅行記、回想録、自叙伝などが対象となっている。「永久田家務本傳」には徳雅の心情がかなりストレートに表現されており、人の好き嫌いもはっきりと読み取ることができる。それ故に、この記録からはその時代を生きた人々が鮮やかに蘇るのだが、一方で徳雅の主観が入った記述であることを注意して見ていかねばならない。

「永久田家務本傳」は天正年間（一五七三―九一）の系図より始まる。黒田家は元々武士であったと徳雅は述べるが、その真偽は定かではない。最後は、姪の**たみ**が尾張を訪れ、旧主である尾張藩主徳川斉荘《なりたか》の墓参をした記述で終わる。これは嘉永二年（一八四九）七月の出来事である。

山田屋黒田家については初世以来の事績を述べるが、その記述がやや詳しくなってくるのは徳雅の祖父・三世長珍《ながよし》の代からである。妻の実家である柳屋小林家、祖母の実家である岡崎屋長谷川家、父が興した青梅山田屋などの親戚筋についても詳細に記述している。話はおおよそ年代順に進められているが、例えば小林家のことがある個所にまとめて記載されていたり、前後の関連する出来事にも触れているため、同じ事柄が繰り返し出てきて、その上、記載内容が相互に食い違うこともある。そのため、読解には注意が必要である。また、山田屋の商売についても時系列に系統的に記されているわけではなく、詳しい時期もあるが空白の時期もある。

記載内容は商売や一族の事だけでなく、徳雅の交遊録、店の使用人の動向、江戸市中の年中行事や当時の江戸の流行、高輪の大火や永代橋《えいたいばし》の破損、ラックスマン来航のニュースなど、多岐にわたる。

このたび、翻刻された史料を丹念に読むことにより、大奥の長局《ながつぼね》に住まう奥女中に対する商売も幕府の「御用《ごよう》」とみなされており、それを「御次御用《おつぎ》」と呼んだことを発見した（大奥の組織や職制については第一章で詳述する）。このことは従来の研究では取り上げられていなかった視点である。山田屋の一族やその周辺には、奥奉公を経験した女性が実に多くおり、御用と奉公が車の両輪のように機能して商売を回している。

奥奉公は「御殿奉公」ともいい、江戸城や大名・旗本などの武家屋敷に、女中として奉公する（仕事をする）ことを指す。単に武家奉公という場合は、中間《ちゅうげん》・小者《こもの》などとして仕える男性を指すのが一般的であり、女性の武家奉公とすると長くなるので、本書では「奥奉公」で統一したい。

江戸城に勤める女中の大半は幕臣の家の出であるが、下の職制には商家や農民の娘もいる。しかし、これまでの研究は農民の事例に偏っていた。それは、関東大震災と東京大空襲により都市部の史料が失われたいっぽうで、多摩地域などで連綿と続いた旧家には、奉公の詳細を語る史料が多く残されたからである。

黒田家は幕府の御用が消滅した明治維新期に、青梅へ引き移った。そのため貴重な史料が今に伝えられ、それにより商家の女性の奥奉公について解明することができたわけである。本書では御次御用の実態解明を中心に据えながら、奥奉公を経験し商売にも携わった逞しい女性たちの生き方にも目を向けていきたい。

複雑に絡み合う数多くの登場人物について理解してもらうため、最初に系図を掲げておきたい(七頁系図1)。□で囲った人名は奥奉公をしたことがある女性で、黒田家では意図的に将軍家や大名家の奥向で奉公した経験のある者を妻としていることがわかる。それぞれがどこに奉公し、誰に仕えたかは第三章6節に示す**表7**(二六九頁)を見ていただきたいが、ここでは徳雅との続柄を軸に、主要な人物のみ簡単に紹介しておきたい。

徳雅の祖母**とよ**は、尾張徳川家の御用商人岡崎屋の娘で、結婚前、島津家に輿入《こしい》れした将軍養女竹《たけ》姫《ひめ》の御守殿《ごしゅでん》(後述)に奉公していた。山田屋が危機に陥った時、その伝手《つて》を活かして商売の立て直しに奮闘した。徳雅が叔父喜雅《よしまさ》の跡を継いだことから、喜雅の三番目の妻**みの**は、徳雅の養母となった。**みの**は尾張家に奉公した経験があり、外交手腕に長けていたが、わがままと贅沢が徳雅の悩みの種だった。**みの**の妹**ねん**は一一代家斉の御台《みだい》寔子《ただこ》(広大院《こうだいいん》、島津重豪《しげひで》娘)に仕え、一生大奥で奉公し、徳雅の商売を支えてくれた。

徳雅の姉**ます**は若いころ大名家に奉公し、青梅山田屋を継いだが、その立て直しのため再び奉公に出た。また徳雅の三番目の妻**かよ**は、結婚前は家斉の娘で尾張家に輿入れした淑姫《ひでひめ》の御守殿に奉公していた。徳雅との間には息子もいたが、行き違いから離縁し、その後**かよ**は江戸城大奥へ奉公に出た。

なお、江戸時代は男性も女性も成長とともに名前を替える。その上、本書に登場する女性の大部分

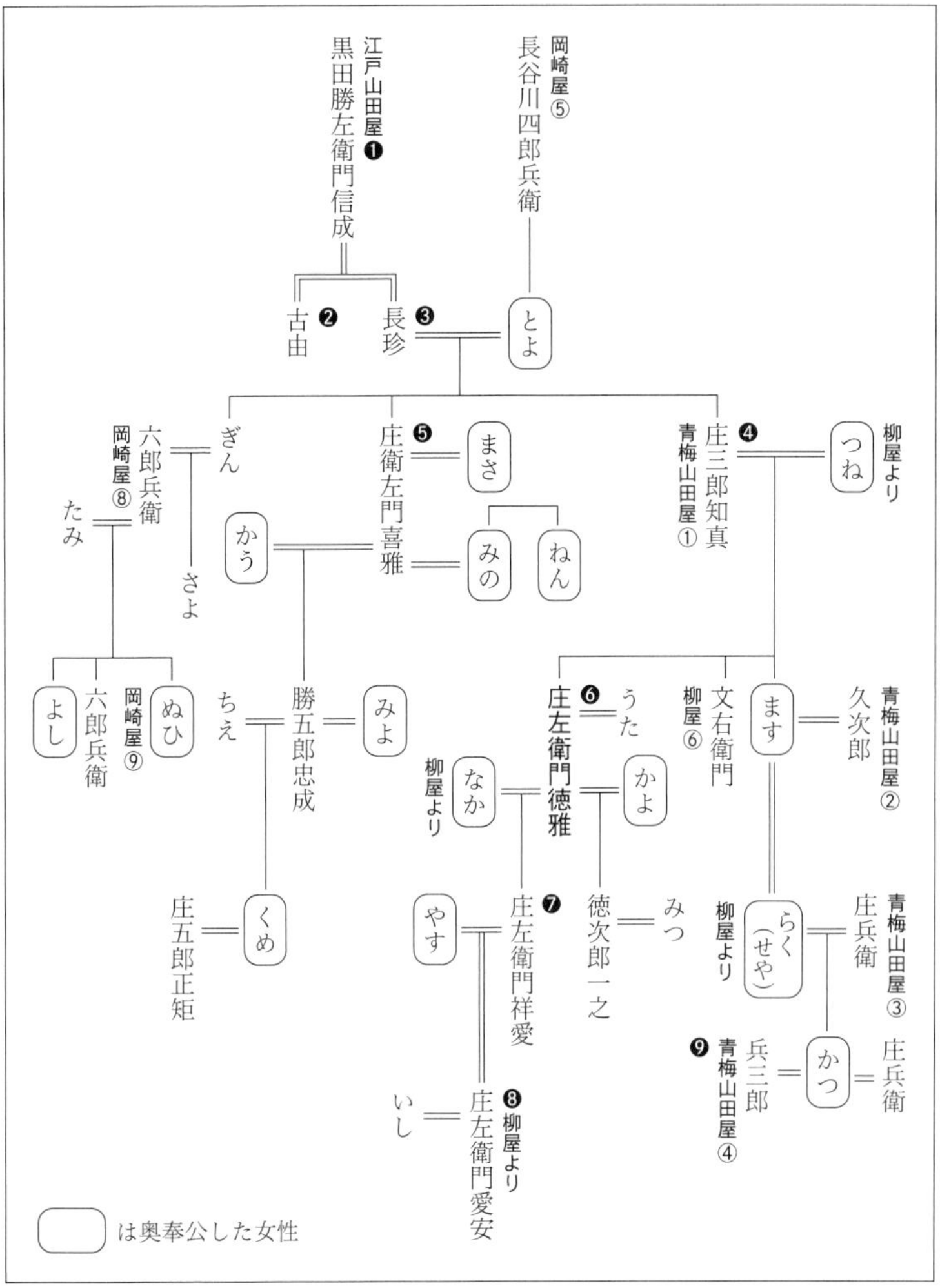

江戸山田屋❶
黒田勝左衛門信成
岡崎屋⑤
長谷川四郎兵衛
古由❷
長珍❸
とよ
ぎん
六郎兵衛
岡崎屋⑧
たみ
さよ
庄衛左門喜雅❺
まさ
かう
みの
ねん
庄三郎知真❹
青梅山田屋①
つね
柳屋より
よし
六郎兵衛
岡崎屋⑨
ぬひ
ちえ
勝五郎忠成
みよ
庄左衛門徳雅❻
うた
なか
柳屋より
かよ
文右衛門
柳屋⑥
ます
久次郎
青梅山田屋②
庄五郎正矩
くめ
やす
庄左衛門祥愛❼
徳次郎一之
みつ
柳屋より
らく（せや）
庄兵衛
青梅山田屋③
❾
青梅山田屋④
兵三郎
かつ
庄兵衛
いし
庄左衛門愛安
❽柳屋より
は奥奉公した女性

系図1　山田屋黒田家

は奉公をしているため、女中名（奉公先でつけられる名前）も持っている。その都度、名前を変えて記載すると理解の妨げとなるので、本書では各人についてもっとも適当と思われる呼び名を選んで用い、系図にもその名前を記した。「とよ（豊）」「たみ（民）」など、時には漢字で書かれることがある女性の名前も、本書では仮名表記で統一し、文章に埋没してしまうことを避けるために**太字**で示した。

引用史料については、読みやすさを考慮して、仮名を漢字に改めたり、送り仮名、句読点、振り仮名を加えるなど、表記を変更した箇所がある。なお本書において、特に出典を明記していない引用は「永久田家務本傳」によるものである。また、本文中に示す年齢は数え年である。

従来は将軍の正室を「御台所《みだいどころ》」と記載してきたが、江戸時代の史料の多くが「御台」とのみ記載しているので、本書では「御台」とした。

第一章　大奥の御用商人

1　御用と江戸城大奥の仕組み

大奥御用とは

御用商人とは幕府・諸大名家・武家、朝廷・公家、社寺などに出入りし、御用を伺い品物を納めることを許された商人を指す。御用商人の事を御用達《ごようたし》ともいうが、御用達というと商人だけでなく、御用を務める町人や職人も含まれる。また、御用達には別の意味もあって、大奥における男性役人の職制の一つに御用達（広敷《ひろしき》用達）という役職がある。二〇〇俵高で、広敷用人の指示を受けて大奥で使用する様々な品物を、出入りの商人から購入するのがその職務である。

幕府（将軍家）の御用といってもその内容は一通りではない。江戸城には本丸、西丸《にしのまる》、二丸《にのまる》などの御殿が存在し、それぞれに御用が発生する。本丸御殿は建物の構造上、表、奥、大奥に分かれている。将軍が住まう奥は大奥から見ると「表方」で、大奥は「奥方」となる。本書では後者の意味で表・奥を使用する。御用は表(男性)と奥(女性)でも分かれていた。

「はじめに」でも述べたように、誰の御用を請けるかによっても区別が生じる。将軍家族ら御殿の用向きは、一般的に御上《おかみ》御用と呼び、一方長局《ながつぼね》(後述)に住まう奥女中たちの用向きを御次《おつぎ》御用といった。広敷御用という場合は両者を含むと考えられる。さらに、将軍や御台など主《あるじ》といわれる人たちの御用は、定式(常時)と臨時とに分かれる。臨時の御用を御次御用と呼ぶこともあり、それは御次御用商人でも請けることができた。

これらの事について具体的に、呉服師・三井越後屋の例で見ていきたい(畑、二〇二二)。貞享四年(一六八七)に元祖三井高利《たかとし》の長男高平《たかひら》の名で幕府の呉服師(御用商人)となり、呉服部門による御納戸《おなんど》御用が始まる。将軍が下賜するための衣服を扱う払方《はらいかた》御納戸と将軍の衣装を扱う元方《もとかた》御納戸の御用を引き受けたのである。

表の御用商人としての立場を得た越後屋は、大奥の御用獲得にも動き出す。狙うのはもちろん、御台や御簾中《ごれんちゅう》(世子《せいし》夫人)を対象とした御召《おめし》御用である。呉服師は衣服つまりお召し物を扱っているので、御上御用のことを御召御用と称していた。

五十宮《いそのみや》(閑院宮倫子《かんいんのみやともこ》)が世子家治《いえはる》に輿入れするため、京都から江戸に下向《げこう》することが決まると、その周辺への工作を開始する。宝暦五年(一七五五)に五十宮、つまり西丸御簾中の御召御用達となることができた。宝暦十年、家治が一〇代将軍となったことで、五十宮も本丸に移って御台となり、越後屋も本丸大奥における御台の御召御用を請けることになる。越後屋は大奥の御用商人という立場を幕府瓦解まで維持し、御台の衣服を調進し続けた。幕末の大奥の主である天璋院《てんしょういん》や和宮《かずのみや》の呉服注文帳が、現在も三井家の歴史史料を収蔵する三井文庫に保管されている。

越後屋は五十宮の御召御用を願う際に、すでに御次御用は請けていると主張している。八代吉宗《よしむね》の時代に、世子家重《いえしげ》、田安宗武《たやすむねたけ》（吉宗次男）、天英院（六代家宣《いえのぶ》御台）の臨時御用と御付女中御用を請けていたと記録にある。従って御次御用商人から御召御用達への昇格に成功したといえる。

本筋から外れるが、「広敷」と「大奥」という言葉について説明を加えておきたい。どう定義するかは議論のさなかでまだ結論は出せないが、同義語として使われることも多い。三井越後屋は京都から江戸へ呉服物を運ぶ際、「御本丸御広敷御用」と書かれた幟《のぼり》を立てていたが、安永五年（一七七六）に「御本丸大奥御召御用」に変更した。つまり、道中で幟を見る庶民にとって、「広敷」より「大奥」という言葉の方がわかりやすかったということなのだろう。

菓子屋の御用は複雑

菓子屋・金沢丹後《かなざわたんご》も越後屋同様に御上御用にこだわった一人である。

江戸城における菓子の需要は非常に多く、上巳《じょうし》（雛の節句）・端午《たんご》の節句・嘉祥《かじょう》（将軍が菓子を諸大名らに下賜する）・玄猪《げんちょ》（玄《い》の子《こ》餅を食する）などの年中行事や、諸大名との贈答儀礼、仏事の供え物として必需品であった。さらに、将軍やその家族の嗜好品として日々の生活の中でも消費された。

江戸城における菓子御用としては、呉服物と同じように本丸・西丸、表方・裏方（大奥向）といった場所の別がある他、さらに江戸城内にある紅葉山《もみじやま》の御宮（将軍家の霊廟《れいびょう》）御用や、将軍家の菩提寺《ぼだいじ》である寛永寺・増上寺・伝通院《でんづういん》などの御用が存在した。

金沢丹後（三右衛門家）は、一七世紀末頃から江戸市中において菓子制作・販売を始めた。宝暦五年（一七五五）以降、菓子屋として日本橋本石町二丁目の本店を拠点に、上野・本材木町など江戸市中数カ所に店舗を所有し、手広く商売を展開していた。

金沢丹後が幕府御用を請けるようになるのは、家斉が一一代将軍となって間もなくである。その最初は寛政元年（一七八九）で、法事の節の上野寛永寺・伝通院御用を仰せ付けられ鑑札を下される、と『金沢丹後文書』にある。

本丸の表御用を獲得した経緯は以下のようである。表の菓子御用は江戸初期より、大久保主水《おおくぼもんど》・長谷川織江《はせがわおりえ》が勤めていた。しかし、両者が何か過ちをしでかしたのか（具体的内容は記載されていない）、いったん御用を召し上げられる。それにより、天明八年（一七八八）に江戸城内で平川門の内側にある御春屋《おすきや》へ御製所が設けられ、ここで日々菓子が調製されることとなった。その掛役《かかりやく》として大久保主水と長谷川織江が再び任命され、職人を連れて出勤した。

そのような中で御用が多く、御製所が混雑するようになったので、二、三人の菓子屋が見積りを出し、寛政三年五月、御製所で手に負えない分である御次御用を金沢丹後が請け負うこととなった。見積り競争に勝ったといえる。しかし翌四年、大久保主水の手代であった宇都宮内匠《たくみ》にその御次御用を取られてしまう。その後、大奥などへの働きかけが功を奏し、九年後の享和元年（一八〇一）に、金沢丹後は再び本丸出入りの鑑札を授けられ、宇都宮と両家で御次御用を務めるようになる。

表における御次御用とはどのようなものだろうか。享和元年に金沢丹後の与えられた御次御用は「御本丸御子様方お灸《きゅう》の節の御用」のみで、これでは子供が成長すると御用がなくなってしまうと訴え、年始の時に供の者へ下しおかれる御用、演能の時の楽屋まわりの御用、法事御用が加えられた。しかし、これらはどう見ても主要な御用ではない。このことから、このような副次的な御用も御次御用と呼ぶことがわかった。『金沢丹後文書』では定式御用を単なる御用、臨時御用を御次御用と称していると考えられる。

話はわき道にそれるが、お灸の時に菓子が必要ということは、子供にとってお灸は嫌なものだから、菓子で釣るということなのだろうか。

金沢屋には幕末期に彦根藩井伊家へ奥女中として奉公に出た娘がいるが、娘を奉公させて御用獲得の一助とするという方法は採っていない。その分、御用獲得や継続のため、積極的に大奥女中へアプローチを掛けている。

いつからかは詳らかでないが、金沢丹後は江戸城内の紅葉山御宮の御用も獲得していることが、幕末期の御用継続を願う書状よりわかる。左の手紙は江戸城内紅葉山御宮の御用継続が叶ったことを、金沢丹後が知らされたものである。

(前略)此程《このほど》仰せ下さる紅葉山御用向の儀、昨日御聞き済みに相成《あいな》り、これまでの通り相勤《あいつと》め候《そうろう》様にと仰せつけられ候由にて、殊《こと》の外《ほか》有難く思召し成られ、何かと〳〵御細やかさまに仰せ下され、私共にまでいか程《ほど》も〳〵御悦《およろこ》び申上まいらせ候、早速凌雲院《りょううんいん》へも右の御礼申し出しまいらせ候御事に御座候、猶《なお》またこの品御送り下され、早速より永く重宝致しまいらせ候御事、いか程も〳〵有難く御礼申上まいらせ候(後略)

まな
瀧路《たきじ》

金沢丹後様
御返事

差出人の**まな**は一四代家茂《いえもち》付御使番頭《おつかいばんがしら》で、瀧路は同御使番であることから、幕末期の出来事であることがわかる。御用継続を願い出る書状も残っており、金沢丹後は**まな**から書き方などの指示を受けている。難航したがなんとか叶ったことがわかる。「凌雲院へも御礼」とあることから、寛永寺の子院で金沢丹後と取引のある凌雲院も口添えをしてくれたものと思われる。**まな**と瀧路に贈ったお礼の品が何かはわからないが、長く重宝するとあるので菓子ではなさそうだ。「金沢丹後文書」には「小袖《こそで》」など奥女中への贈答品書上」という史料があることから、呉服物の可能性がある。また女中に年頭・暑中・寒中・歳暮などに贈り物をしたことを示す手紙が何通か残されている。常日頃から奥の女性たちへの挨拶を欠かさず、関係を紡いでいたことがわかる。

文化年間(一八〇四—一七)に西丸の表御次御用も願うが、それが許可されたかどうかの判断は難しい。なぜなら、金沢丹後は西丸への出入りを許されているが、それは広敷御用を得たためとも考えられるからである。また、幕末期には西丸御賄所《おんまかないじょ》より御用を命じられているが、これは文久三年(一八六三)十一月に本丸御殿が焼失し、その後再建されなかったことによるものである。

御賄所には賄方の役人が詰め、江戸城の台所で扱ういっさいの食料品の仕入れを担当しており、菓子もその中に含まれる。金沢丹後も賄方より御賄所通行の鑑札(図3)をもらっている。

御広敷御用達となったことはいくつもの記録に記されており、表・奥(御裏方)双方の御用を請け負っているのは金沢丹後・宇都宮内匠の二家のみであると自慢している。

御本丸御菓子御用達は大久保主水、長谷川織江、金沢丹後、宇都宮内匠、この四家を表御用達といい、御裏方(大奥)は鯉屋山城、同和泉、金沢丹後、宇都宮内匠この四家を裏方、則ち御広敷御用達部屋の御用とす。

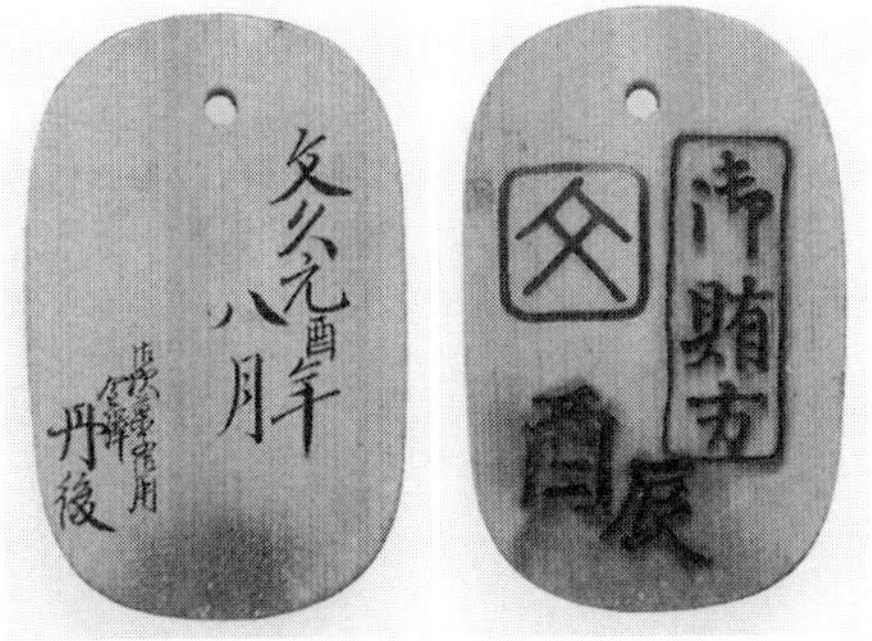

図3 「本丸御賄所通用門鑑」(東京都江戸東京博物館蔵. 画像提供：東京都江戸東京博物館/DNPartcom)
左側「文久元酉年八月　御次菓子御用金沢丹後」

「御広敷御用達部屋の御用」とあるのみで、長局の女中相手か御殿向での御用かはわからない。では、御用達となった時期はいつであろうか。「寛政三年亥十月十三日　御用仰せ付けさせらる」と記載がある「御広敷御用部屋値段帳」が残されているが、この時から広敷御用を請けていたとなると、他の話との辻褄が合わない。その上、定式か臨時か、どのような御用かはっきりしない。

ところで、金沢丹後が一一代家斉の御台寔子《ただこ》の御用を請けていた記録がある。寛政年間(一七八九―一八〇〇)に寔子が上野寛永寺に参詣した時に、饅頭を四、五万個も製造したという内容である。これは御台の御上御用ではなく、法要の際の上野寛永寺御用と取ることができる。寛永寺の御用も「御広敷御用達部屋の御用」に含まれるのであれば、先の話は矛盾しない。

表では御次御用しか与えられなかった金沢丹後は、大奥での御上御用獲得を目論む。やがてその好機が訪れた。有栖川宮《ありすがわのみや》楽宮《さざのみや》(喬子《たかこ》)が西丸にいる世子家慶《いえよし》に輿入れするため、京都から江戸へ下向することが決まり、西丸広敷の新規御用が始まることになった。

〈現代語訳〉自分は御次御菓子御用を仰せ付られて幸せである。享和元年(「去ル酉年」)には臨時の御用を仰付られ、いままで務めてきた。今年は西丸の家慶公のもとへ京都より宮様が御下向なさる。ついては、「西御丸様御広敷廻其外新規御菓子御用」が始まる事と存じます。精を入れて務めますので、何卒御用を仰せつけ下さるよう、ひとえに願いあげます。

楽宮の江戸下向は文化元年(一八〇四)であり、この願書は同年に出され、明らかに御上御用獲得を狙ったものといえる。ここでも享和元年(一八〇一)からの表御次御用を実績として述べているが、本丸広敷の御用には触れていない。

文化十一年七月、御用提灯《ちょうちん》所持の有無を聞かれた金沢丹後は、広敷御用部屋から本丸御用・西丸御用と書かれた提灯の所持を許され、夜中に御用の品を届けるときに使用していると答えている。このことから、無事、西丸広敷御用を得たこと、文化年間(一八〇四—一七)には本丸広敷御用も請けていることがわかるが、御用の詳細はわからない。

「今日　御台様御菓子御用、仰せ付けさせられ冥加《みょうが》至極《ごく》有難き仕合わせに存じ奉り候」という天保年間(一八三〇―四三)の書付がある。この御台は天保八年家慶が将軍となったことで、共に本丸へ移徙《わたまし》し御台となった喬子である可能性が高い。これにより金沢丹後は、御台の定式御用を請ける御上御用商人になった、と捉えられる。喬子が西丸御簾中であった時から、御用を請けていた可能性もある。

家斉の娘文姫《ふみひめ》の御半下《おはした》(大奥の役職については後述。二五頁表1参照)となった春風という女中が、大奥に勤めていた間の支払帳(出納帳)を残している。そこに、十二月に毎年ではないが金沢屋(金沢丹後)に支払いをしている記載がある。最下層の女中である御半下なので額は少ないが、これによって金沢丹後が女中相手の御次御用も請けていたと見て取れる。金沢丹後の御用に関しては不明な点も多いので、今後史料を精査し、検討を加えていきたい。

以上のように、菓子屋の御用獲得や継続をめぐって、同業間でかなり熾烈な争いがあることがわかった。寛政四年(一七九二)に宇都宮内匠に御次御用を取られた理由として、先方が自分より少しだけ低い見積り値段を入れてきた、と金沢丹後は述べている。当時も現在と同じように入札で請け負う者が決まるのは興味深い。

御次御用には女性の力が必要

江戸城大奥には将軍以外の男性は入れなかったと以前は言われていたが、最近はその認識は改まっている。

大奥の空間構造は御殿向《ごてんむき》・広敷向《ひろしきむき》・長局向《ながつぼねむき》に分かれる。広敷向は大奥の事務や警護を行う広敷役人が詰めている場所で、男性中心の空間である。広敷向の事務を統括するのが広敷用人で、さらにその上に留守居《るすい》という役職があった。

御殿向は将軍の家族が生活する場で、奥女中の仕事場でもある。御殿向に入ることができた男性は将軍の他に、広敷役人、老中、奥医師、奥絵師、御三卿《ごさんきょう》、御台実父・養父、大工や職人といった普請関係者などが挙げられる。もちろん、出入りが自由というわけではない。そして臨時御用などの例外はあるが、この御殿空間で扱う品物を納めることができるのが、御上御用商人と捉えることができる。

長局は奥女中の生活空間（居住スペース）である。長局にある自分の部屋で使う衣服・道具・食料・燃料などは、自分の給与から支出することになる。時期により異なるが、江戸城には数百人の奥女中がおり、女中といっても奥女中を統括する老女《ろうじょ》や将軍の側室たちはかなり贅沢な暮らしをしていた。従って御次御用といっても相当な取引額があったと推察できる。しかし、女中ごとに取引する商人が異なることから、いかに多くの上等な顧客を得るかが鍵になる。

さて、大奥の中で長局こそが、男性の出入りを最も厳しく制限した場所である。大奥に関する法度《はっと》は、元和四年（一六一八）に出された「壁書《かべがき》」が現在確認されている中では最古である。そこにすでに「局《つぼね》より奥へは男子は入ってはならない」とある。しかし貞享二年（一六八五）の法度から九歳以下の男子を入れることが許された。これにより、親類の男の子を部屋に泊める奥女中も出てくる。

商人の出入りに関しては、寛永三年(一六二六)の奥方法度に「諸商売人を長局にいれてはならない」と出てくる。四代家綱《いえつな》期の寛文八年(一六六八)「條々」二カ条目には「諸商人や親類縁者、使いの者が来るときは奥へ申し入れて了承を得たうえで、七時から一七時までは通ってよいが、召使いの女が出てきて用件を聞くように」とあり、やはり長局には入ることはできない、と読み取ることができる。ただし、この「條々」は隠居女中(比丘尼《びくに》)の住まいに対する法度で、江戸城大奥の法度ではない。

享保六年(一七二一)の「女中條目」に、長局へ使いの女を泊めてはいけないが、どうしても理由がある時は女中の責任者である御年寄《おとしより》(老女)に断り、大奥を統括する留守居《るすい》(男性役人)に報告し、指図を受けるようにとある。ただ「使いの女」とあるので、女中の宿元《やどもと》からの使いのことで、商売人の女性が対象ではないと思われる。

さて、商売をする女性に関する興味深い史料が、『一橋徳川家文書　徳川治済期関係史料』に収められている。

一商女永く泊め候ては如何《いかが》に候あいだ、まずは日帰り、拠《よんどころ》なく泊り候節は一夜に限り、その余は相成らず候、もっとも御広敷御用人とくと承り糺《ただ》し申すべく候、入切手《いりきって》の儀、七ツ口《ななつぐち》にて部《へ》屋方《やかた》者より五菜《ごさい》男へ相渡す(後略)

商売をする女を長く泊めることはどうなのか、まずは日帰り、どうしてもというときは一泊にかぎり、それ以上は認めない。広敷用人が承認したもので、出入りの切手は七ツ口で部屋方から五菜へ渡す、とある。七ツ口は広敷向との境にある長局への出入り口で、七ツ時(午後四時)に閉まることから七ツ口と呼ばれた。部屋方は奥女中が長局の自分の部屋で召し使う女中で、五菜は奥女中が外との連絡に使う男性使用人のことである。

裏を返せば、商いを目的とする女性が、長局の女中の部屋に何泊も滞在することが、一一代家斉の実父一橋治済《ひとつばしはるさだ》の時に常態化していたといえる。一橋家など御三卿(後述)の奥向は江戸城大奥を規範としており、奥女中はその支配下にあることから、江戸城大奥でも同様であった可能性は高い。

右の条目を受けて天明五年(一七八五)十月九日、一橋家の女中瀬川・槙尾・やな・みとり・藤嶋・清田から、部屋に出入りさせる女商人のリストが提出された。

一部屋方へ出候女商人、奥より申し出、その節猪飼茂左衛門承知にて相済み、当時も右の振合にて相済み来たり候

瀬川願　金屋すめ、結城屋るい　　槙尾願　片桐よの・きす・ふさ
やな願　かの屋さの　　みとり願　伊勢屋かつ、樽屋るせ
藤嶋願　伊勢屋とめ、丸屋くら　　清田願　たばこ屋そよ

右の通り売物など致し候女、部屋方へ出入致し申し候、右の者ども拠なき事にて一宿致し候節は、御断《おことわり》し出て一宿願い認め出し候事に御座候

右の面々に関しては、部屋への出入りを認め、特別な事情があり願い出れば、一泊することも認める、というものである。「たばこ屋」以外は扱っている商品はわからない。

長局の部屋まで入れるのは女性に限られる。従って、御次御用では商家の女性が、商売を広め、相

手方と関係を紡ぐために重要な役割を果たすことがわかる。

また、寛政九年(一七九七)に一橋治済が移徙(転居)した神田橋《かんだばし》御殿の規則「神田橋御逗留中取扱方」に、「長局の部屋を訪れる女性は、明け六ツから暮れ六ツ(朝六時から夕方六時)まで、入るときは広敷用人の印形、出るときは表使《おもてづかい》の印と広敷用人の印形が必要」という条目がある。

御三卿とは八代吉宗と九代家重の男子に与えられた田安・一橋・清水の三家を指す。尾張・紀伊(紀州)・水戸の御三家と違い大名ではなく、将軍の身内として遇され、その屋敷も江戸城の内郭にあった。一橋家の屋敷は一橋御門の内側にあり、当主はこの一橋邸に住んでいた。隣に建てられた神田橋邸は隠居所としての意味合いが強かったが、治済が隠居するのは寛政十一年である。この一橋家、山田屋にとっては鍵となる存在である。

黒田徳雅の祖母**とよ**は、一橋家に仕える戸川という馴染みの女中のもとをしばしば訪れ、魚や菓子などをいただいて帰っている。治済が神田橋御殿に移徙して以降は、**とよ**もすでに隠居しており、商売のためというよりは、戸川と語らうために訪問していたと推察できる。

一方、結婚前に奉公していた尾張家や、江戸城大奥に頻繁に上がっていた徳雅の養母**みの**については、商売に関する用事もあったと考えられる。

江戸城大奥の役割

ここで、話の理解に必要な大奥の役割や奥女中制度について、もう少し詳しく説明を加えておきたい。

慶長四年（一五九九）に江戸に下った二代秀忠《ひでただ》の正室お江《ごう》が、大奥に入り御台と呼ばれたのが、江戸城大奥の始まりといえる。お江付の女中の中核にいたのが、浅井氏や織田氏の縁者たちである。彼女らによって法度が作られ、お江と江戸に集められた大名の妻女との交流から、江戸城大奥と大名家の奥向間の音信贈答が始まる。

江戸城大奥の一番の役割が、後継ぎを産み養育し家を存続させることであるのは言うまでもない。お江は三代家光《いえみつ》の正室として鷹司《たかつかさ》氏孝子《たかこ》を京都から呼んできた。しかし、お江の死後、春日局《かすがのつぼね》が気鬱を発症した孝子を本丸御殿から追い出したことにより、権力の中心が御台付女中から将軍付女中に移り、以後その状態が幕末まで続く。

大奥に籠りがちであった家光との取次《とりつぎ》を春日局が担うようになると、いわゆる「内証《ないしょう》ルート」ができ、大奥が表に対して隠然たる力を持つ土壌がうまれた。これにより、大奥を頼る内願《ないがん》が頻発するようになる。

内証ルートとは大奥経由のみを指すのではなく、表向の公式ルート以外全般を指すといえる。将軍側近や奥医師、右筆《ゆうひつ》、坊主衆《ぼうずしゅう》など奥を経由する内願、たとえ相手が老中であっても賄賂性の高い願いは内証と捉えられる。

内願がなされる理由は、大きく二つある。一つ目は表立って願うことがはばかられる場合で、二つ目は公式に願い出たが目的が遂げられず、再度願い出る場合である。官位の昇進や石高の増加といった家格の向上は、本来、将軍の計らいで行われるもので、大名側から正式に願いを提出してよいものではなかった。幕臣の役職への就任や、商人が幕府の御用を得るのも同様である。しかし、実際は内願というかたちで働きかけが行われていた。

二つ目を寺社の例で説明しよう。寺社は火事で焼失した堂宇の再建や破損の修復などを幕府に頼ってきた。しかし、八代吉宗がそれらを公費で賄うことを厳しく制限し、まずは自助努力を求めたことにより、寺社奉行への公式ルートで認可されない案件が増えていった。いつまでも資金が集まらず再建できないことに業を煮やした寺社は、大奥へ内願し、後押しを願うようになる。

その背景には、大奥と寺社との蜜月の関係があった。家光期までは、幕府は朝廷や京都の寺院に国家安寧などの祈祷を依頼することが多かった。しかし近世初期に創建された江戸の寺院がしだいに定着すると、徳川家の子孫繁栄や武運長久の祈祷は、それらの寺院が担うようになる。寺社への法事や祈祷の依頼は、大奥の職務となり、大きな割合を占めるようになった。

奥女中制度のあらまし

吉宗の享保の改革と連動して、奥女中の制度も整えられ、表1のような職名と職掌が次第に固まってくる。

老女と御年寄の違いはどこにあるのか、表1（二五頁）を見てもらいたい。公家出身者を上﨟年寄（以下「上﨟」とする）・小上﨟《こじょうろう》と呼び、武家出身者を御年寄とし、三者を合わせて老女と称することが、明確になるのは家斉期からと推察できる。それ以前は、上臈にも年寄と付くことから、公家出身者も御年寄・大年寄などと呼ばれることがあった。老女と御年寄という言葉が混在し、ともに大奥女中のトップの人たちを表す言葉として使われている。本書ではトップ集団を指す場合は、老女で統一した。

また、大奥の実権は武家出身の御年寄が握っていたとよく言われるが、実態を探ると大奥の権力者の多くは公家出身者で、旗本・御家人といった幕臣出身の実力者は、幕末期の瀧山《たきやま》まで待たねばならない。「永久田家務本傳」に登場し、寔子付筆頭上臈として力を有した花町《はなまち》も公家の出である。

奥女中は大きく二つの系統に分かれる。老女とそれを補佐する表使、その下役である御使番《おつかいばん》、さらに右筆など事務処理をする「役人系」と、主《あるじ》の世話をする中臈《ちゅうろう》・小姓《こしょう》・御次《おつぎ》などの「御側系《おそば》」である。それに伴い二つの出世コースがあった。一つは老女となり大奥を牛耳ることで、もう一つは側室となり子供を産み、やがて将軍生母となるコースである。江戸城大奥では、五代綱吉《つなよし》の側室大典侍《おおすけ》が、老女一同で出した書状に名を連ねているが、奥女中制度が整えられてからは、側室から後に老女となる例は目にしていない。一方、大名家の奥向ではコース替えの例は散見され、一橋治済に仕えた戸川もその一人である。

親の身分に関わらず奥女中になる事はできたが、農民や商人の娘は下位の職制か、大奥女中が自分の部屋で使役する部屋方《へやかた》女中にしかなれなかった。山田屋の関係者も御目見《おめみえ》以下の御茶之間《おちゃのま》・御半下《おはした》や部屋方である。部屋方の給料は大奥女中が自分の扶持《ふち》(給与)から支払う。部屋方には局《つぼね》(部屋を取り

表1　幕府女中職制表

		職階		職掌	
御目見《おめみえ》以上		上臈年寄《じょうろうとしより》	老女	女中の最高位(京都の公家出身者)	奥向の事を差配する責任者
		小上臈《こじょうろう》	老女	上臈の見習い	奥向の事を差配する責任者
		御年寄《おとしより》	老女	(旗本など武家出身者)	奥向の事を差配する責任者
	☆	御客応答《おきゃくあしらい》		大名家からの女使の接待役，この職を経て御年寄となることが多い	
	＊	中年寄《ちゅうどしより》		御台の毎日の献立を指示	
		中臈《ちゅうろう》		将軍や御台の身辺世話役，将軍付のなかから側室が出る	
	＊	小姓《こしょう》		御台の小間使．7, 8 歳～ 15, 6 歳の少女が多い	
	☆	御錠口《おじょうぐち》		奥と大奥との境にある錠口の管理と，奥との取次	
		表 使《おもてつかい》		大奥の外交・買い物の責任者	
		右筆《ゆうひつ》		日記や書状の執筆，管理	
		御次《おつぎ》		道具や献上物のもちはこび，対面所などの掃除，召人の斡旋などをつかさどる役	
	☆	御切手書《おきってがき》		長局向と広敷向との境にある「七ッ口」から出入りする人々の改め役	
	☆	御伽坊主《おとぎぼうず》		剃髪姿で将軍付き雑用係．奥への出入りができた	
		呉服之間《ごふくのま》		将軍・御台の服装の裁縫をつかさどる役	
	☆	御広座敷《おひろざしき》		女使や御城使の世話	
御目見以下		御三之間《おさんのま》		居間の掃除と御年寄の雑用係	
		仲居《なかい》		献立と煮炊き	
		火之番《ひのばん》		火の元の取締	
	＊	御茶之間《おちゃのま》		御台の食事中の湯茶を調進	
		御使番《おつかいばん》		広敷役人との取次役，表使の下役	
		御半下《おはした》		掃除，風呂・膳所用の水汲みなど，雑用係	

☆は将軍・世子など男性主付のみ　　＊は御台・姫君など女性主付のみ
頭(その職名の長)は中臈・御次・呉服之間・御広座敷・御三之間・御使番・御末(御末頭は御半下の取りまとめ役)に，格・助(見習い)は御客応答・表使・御錠口・呉服之間・仲居にある．

仕切る)、合《あい》の間《ま》(相の間とも。衣装などの世話)、たもん(炊事、掃除など下働き)、小僧などがいた。

徳雅の養母**みの**が花町の部屋方に斡旋した娘たちは、下働きではなく合の間と考えられる。**みの**の知り合いで商家の娘**ゆり**は、算用に長けていたので花町の局となることができた。旦那《だんな》(自分が仕える大奥女中)が権力者であれば、局も付随して力を持ち、実入りも良くなる。また、局ともなれば自分の旦那の御次御用に関与することもできたであろうから、商家にとっては、部屋方に知り合いの女性を送り込むのも有効な手段であった。実際、山田屋は局となった知り合いの女性の伝手《つて》で御用を拡大している。

たとえ部屋方であっても、庶民にとって江戸城大奥に勤めることは一種のステータスであり、女性が自立し能力を発揮できる道であった。給与は上に行けば行くほど高額で、貧乏な武家の娘の中にはそれを目当てに奉公するものもいた。また、奥女中は未婚の印象が強いが、実際には離婚後に自ら望んで奉公した者も多くおり、中には配偶者と死別した者もいた。

江戸時代には江戸城大奥をヒエラルキーの頂点とした女性たちの社会があった。確かにジェンダーで区別されていたが、そのヒエラルキーを通じ社会や政治に関わり、トップに立てば世の中を動かすことさえできたのである。

奥女中奉公が御用を支える

このように、商人が幕府や諸大名の新規御用を得たり、獲得した御用を継続して御用商人としての立場を維持していくためには、親類の女性に奥奉公をさせることや、奥奉公をした女性を妻とすることが、欠かせない要素となる。

ここでは山田屋以外の例を紹介しておこう〔畑、二〇〇九〕。

現在、東京都のうち、二三区と島しょ部を除く三〇市町村を多摩地域と呼ぶが、江戸時代にはもう少し広い範囲が多摩郡と称されていた。不思議なことに、多摩地域から江戸に、女性が奥奉公に来た事例は、西側では多く見つかっているが、より現在の都心に近い地域では探し出せないでいる。西側の地域の方が産物を通じ、江戸市中の消費と強く結びついていたから、とも考えられる。

多摩地域では江戸市中向けの炭や薪の生産が広く行われていた。特に、狭山《さやま》丘陵南麓の横田・岸・殿ケ谷・高木・奈良橋・中藤《なかとう》（いずれも江戸時代の村名）などの村々では盛んで、自分の家で炭を製造するだけでなく、五日市《いつかいち》（現・東京都あきる野市）や青梅（現・東京都青梅市）で炭を仕入れ、それを江戸に運んで武家屋敷などへ売っていた。中藤村（現・東京都武蔵村山市）は青梅街道の南側に位置し、交通の要所で江戸との往来も盛んで、北方の山より木を切り出し、炭を焼いて生計を立てる者もいた。

中藤村の名主の分家・渡辺家は、近世前期より油と炭を製造し、江戸に運んで売りさばいていた。また、紀州家や旗本の神尾家などの御用を請け、これらの屋敷に直接卸していた。油は油桶にいれ大八車に乗せ、炭は馬の背に振り分けにし数頭連れて、夜中に村を出て明け方江戸に着き、その日の夜に村へ戻った。

紀州家との縁は、後に八代将軍となった吉宗の頃、渡辺家から紀州家に奉公した女性がいたことからできたと伝えられている。その後、炭を納めることで関係を深め、九代平六の娘**よね**は天保七年（一八三六）から天保十四年まで紀州家に奉公に上がった。中藤村の神職で陰陽師《おんみょうじ》でもあった指田《さしだ》摂津《せっつの》正藤詮《かみふじあきら》の『指田日記』に記載がある。

よねは奉公を辞めた後に奈良橋村の寺院・大徳院へ嫁している。日記には紀州家と渡辺家との関係を示す記事として、**よね**の兄八太郎が喧嘩をし、家出をして紀州屋敷にいたところを連れ戻される、という内容のものがある。

渡辺家では八太郎の妻**とき**も大名の水野家（何藩かは不明）に奉公したことがあり、その後も奥奉公経験者を妻に迎えている。

江戸市中の日本橋川瀬石町に店を構えた米屋《こめや》田中家は、代々の当主が久右衛門を名乗り、参勤交代に必要となる武家奉公人と通日雇《とおしひよう》人足を請け負う人宿《ひとやど》であった。人宿とは、人足や奉公人の供給を請け負う商人で、現在の人材派遣業に近いものといえる。奥女中の採用は伝手《つて》など人間関係を辿って行われるのが一般的であったが、人宿を利用することもあった。

人宿についての研究を行い、米屋の事例から江戸における人宿経営の生成と発展についてまとめた市川寛明氏は、御用獲得の過程で妻や親戚の女性たちの奥奉公が重要な役割を果たしていることを指摘した〔市川、二〇〇二〕。その内容を要約しておこう。

初代久右衛門の妻となる女性（名前がわからないのでAとする）は、江戸で一〇〇〇石の旗本村越家の屋敷へ奉公に上がった。村越家には丹後田辺藩牧野家より直成《なおしげ》が養子に入り、その子英成《ひでしげ》が牧野家に養子に入った。Ａは英成の世話をする奉公人であったので、牧野家への養子入りの際に、一緒に丹後田辺藩の江戸屋敷へ移った。やがて英成が当主となり、元禄七年（一六九四）に初めて国入りが認められると、Ａは英成の供をして丹後田辺に向かった、と推察される。Ａは国許（丹後田辺）で田中久右衛門に嫁し、後に二代目久右衛門の母となる。妻Ａの藩主に対する村越家時代からの縁によって初代久右衛門は、藩主への御目見が許される。その後、英成の命令で米屋は江戸に移り、牧野家へ出入りする御用商人となった。

米屋は寛政元年（一七八九）に結成された六組飛脚屋仲間《むくみひきゃくやなかま》に属し、丹後田辺藩牧野家だけでなく、桑名藩（久松）松平家、吉田藩（大河内）松平家、福島藩板倉家、沼津藩水野家などへも武家奉公人や人足を斡旋するようになる。このように人宿は他の商売とは異なり、大名家との繋がりは不可欠である。奥奉公が先にあり、それにより御用を獲得した事例の一つが米屋といえる。

家斉期の大奥

奥女中の数がもっとも多かったのは、言うまでもなく一一代家斉の時代である。奥女中は人に対して付くので、将軍家の家族が増えれば増えるだけ、奥女中の数も増加する仕組みである。家斉の将軍在職（一七八七―一八三七）は五〇年にも及ぶので、奥女中も徐々に増えていた。長寿の将軍夫妻、世子家慶、文化期には家慶が正室を迎え、文政期後半には成長した孫の家定《いえさだ》にも相応数の女中がつけられる。

そして家斉には、同時期にではないが五〇人以上の子女がいた。成長し婚礼を挙げた娘は一二人で、一人につき五〇人程の女中が大奥より姫君に付けられ、輿入れの際、一緒に大名家へ引き移る。雇い主はあくまでも幕府である。

娘は輿入れしても将軍姫君のままであるのに対し、息子は婿入り先の大名家の養子となるため、将軍からみれば家臣に下がることになる。そのため、付いていく女中の数はぐっと減るが、それでも十数人が付けられ、大奥から付き従った。

つまり需要と供給のバランスでいえば、常に女中の採用があり、家斉時代は奉公を願う人々にとっては、希望を叶えるチャンスが転がっているという状態であった。

ここで御守殿《ごしゅでん》・御住居《おすまい》について説明しておきたい。将軍姫君を妻として迎える大名家は、江戸屋敷（上《かみ》屋敷であることが多い）の中に、新たに姫君の住まいである御守殿を建築しなくてはならなかった。そこに引き移った姫君自身も「御守殿」と称された。

家斉以前はみな御守殿であったが、家斉の娘の数が多く、それまで将軍家と縁組をすることがなかった家格の大名家にも、姫君が輿入れすることとなった。そこで、大名家の金銭的負担を軽減するため、御守殿より格を下げ、婚礼式・女中数などを簡素化した御住居がうまれた。嫡女淑姫《ひでひめ》（尾張徳川家）、峯姫《みねひめ》（水戸徳川家）、永姫（一橋徳川家）以外は御住居とされたが、浅姫《あさひめ》（越前松平家）、溶姫《ようひめ》（加賀藩前田家）は途中から御守殿に格上げとなった。

御守殿・御住居の御用は、江戸城大奥御用の延長線上にある。姫君が輿入れする時に、新たに生まれる御守殿・御住居御用は、商人たちにとっては商売を拡大するチャンスとなる。

これまでも、しばしば登場した家斉の御台寔子は薩摩藩主島津重豪《しげひで》の娘である。三代家光以降、将軍家は特定の大名家と縁組をしないこととなり、正室を京都の天皇家・宮家や五摂家《ごせっけ》（摂政・関白に任じられる家柄）より迎えていた。家斉と寔子は家斉が一橋家にいた時に縁組をした。一〇代家治の世子家基《いえもと》が急死したことにより、家斉が将軍家の後継ぎとなった。そこで寔子は婚礼前に五摂家のひとつ近衛家の養女となり、晴れて御台となることができた。御台の実家として、島津家の存在が大きくなるのも、家斉期の特徴であり、寔子も島津家をバックに力を有していた（畑、二〇一八）。

家斉は五〇年間も将軍の座にあり、天保八年（一八三七）に大御所となり同十二年に亡くなるまでの年数も足すと、江戸時代のうち約五分の一の期間が家斉政権期ということになる。長期政権では権力の偏りが生まれやすいが、政権の初期に老中松平定信《まつだいらさだのぶ》が、力を持ちそうな老女をことごとく排斥したことなどにより、大奥では一人の老女に権力や内願が集中するということはなかった。常磐井《ときわい》（後に歌橋《うたはし》と改名）が三三年間、飛鳥井《あすかい》が一五年間、筆頭上﨟の座にあったが、五人から七人いた老女間でバランスがとられていた。家斉期後半は溶姫の生母で、家斉の側近中野清茂《なかのきよしげ》を養父に持つ側室お美代《みよ》が徐々に力を持つようになる。

このような家斉期の大奥の状況を踏まえ、次節では山田屋の活動を見ていきたい。

2　道具商山田屋の御用

山田屋とは

山田屋黒田家の詳しい歴史は第二章に譲るが、ここでは、あらましのみを述べておきたい。

山田屋は初世黒田信成《のぶなり》が四谷塩町一丁目で道具商を始めたのがその起こりである。当初より大名や旗本を相手に商売をしていた。三世長珍《ながよし》は竹姫御守殿に奉公していた**とよ**を妻とする。長珍は当初長右衛門と名乗っていたが、庄左衛門と改名し、以後これが山田屋当主の通称となる。

四世知真《ともざね》の時、山田屋は商売をめぐる大きなトラブルに巻き込まれ、知真は江戸追放となる。この出来事を「宝暦の災難」と徳雅《のりまさ》は「永久田家務本傳」の中で称している。

そのため、急遽跡を継いだのが知真の弟喜雅《よしまさ》である。**とよ**の奮闘によって、山田屋は竹姫御守殿の御用達となり、家斉が将軍世子として江戸城に引き移る前頃に、一橋家の御用も請けるようになる。そして天明二年(一七八二)以前に、山田屋は江戸城大奥本丸御用を請けるまでになった。

しかし、喜雅の嫡男勝五郎が武士になることを望んだため、知真の息子である徳雅が喜雅の跡を継ぐこととなる。努力と商才、さらに長寿であったことにより、徳雅の時代に山田屋は隆盛期を迎える。文化八年(一八一一)の火災で四谷塩町の家屋が焼失したため、それ以前に取得していた赤坂の土地に移転し、質屋を始め、商売の軸足をそちらに移すことになる。

大名家の奥向御用

寛政七年(一七九五)十一月十五日、一三歳で跡取として叔父喜雅の店に入った徳雅は、道具商としての山田屋の商売を学び始める。この頃の山田屋の様子を徳雅は次のように認めている。

> 予(徳雅)家業の様子を見るに、当時は御本丸大奥御《お》次向《つぎむき》・尾侯・紀侯・因州侯いずれも奥御次向の御用の達せらる共、四、五年以来怠りがちにて荒《あれ》たるいさま

寛政七年には本丸大奥御次御用、並びに尾張・紀州・鳥取藩池田家の御次向御用を得ていることがわかる。しかし、ここ四、五年は勝五郎の件もあり、商売に身が入らず、ずさんになっていたと指摘する。

まず、尾張徳川家については、祖母**とよ**の実家岡崎屋が尾張家の御用達であるので、山田屋はこの岡崎家を通じて尾張家の御次御用を獲得したと考えられる。**とよ**と長珍の娘**ぎん**(知真・喜雅の妹)は母の実家である岡崎屋に入り婿を取っている。

さらに、安永八年(一七七九)に喜雅の三番目の妻として迎えた**みの**は、三六歳で結婚するまで一〇年近く、尾張家に奉公していた。「十七、八のころより尾州様奥に御奉公に上がられ候《そうらい》て、年来勤《つとめ》中もござかしくて出世これあり」とあることから、かなりの役職までいったと推察できる。**みの**が勤務していたのは御守殿ではなく尾張家本体である。大名家の場合は町人の娘であっても、御目見以上の役職に就くことができたのだ。本書第三章で詳しく述べる**みの**の性格や行動から、主家との関係を大

事にしたと想像でき、尾張家との関係は強固なものとなったであろう。

紀州家については、明和二年(一七六五)に縁組をした喜雅の最初の妻かう(四谷荒木横丁植木屋娘)が、紀州家に奉公していたことが縁とも推察できる。山田屋が紀州家で御次御用を請けていた女中の名前として、松井・佐保山・松岡を挙げている。

鳥取藩池田家との関係は、紀州藩主徳川重倫《しげのり》娘丞姫《かずひめ》が寛政五年(一七九三)に池田治道《はるみち》の後室となったことに起因すると考えられる。丞姫に付き従い紀州家から池田家に引き移った女中の中に松岡がいた。この場合、池田家の奥というよりは、丞姫御殿の御付女中の御用が対象と見るべきだろう。松岡は自分用だけでなく、浅川という女中や呉服之間《ごふくのま》の人々などに取り次いでくれたので、多くの御次御用を請けることができたという。

さらに松岡は、三〇両の堆朱《ついしゅ》卓や一〇両の花笠、七、八両の品々など高額な御上御用(丞姫御用)も回してくれた。当時の一両を現在の金額に置き換えるのは難しいが、約三万円と換算することが多い。そうなると、堆朱卓はおよそ九〇万円ということになる。堆朱とは、朱漆《しゅうるし》を何層にも厚く塗り重ね、文様を彫ったものである。卓というのでかなりの大きさになるだろう。

丞姫の死去は文政九年(一八二六)であるが、文化八年(一八一一)の段階で「永久田家務本傳」には「これまで両御丸奥向、尾・紀・水戸様奥御用勤候」とあり、鳥取藩池田家は入っていない。そのことから、松岡の死去(何年かは不明)とともに、御用が消滅した可能性がある。

本丸大奥御用の始まり

では、肝心の江戸城本丸大奥の御次向御用を、山田屋はいつ、どのように獲得したのだろうか。

文化九年(一八一二)七月十一日、本丸出入りの鑑札の書き換えに当たり、いつから鑑札をもらっていたか、ならびに商売の形態についても書き出すように、と命じられ、徳雅は左の書面を提出した。

一御鑑札　二枚　何ケ年以前より頂戴罷《まか》りあり候やと、御尋ね仰せ付けられ答え奉り候。左の留め置き候書物、文化八未年二月十一日出火に私宅類焼仕《つかまつ》り候節焼失仕り候。これに依り相分り申さず候。

一商売躰《てい》の儀、御尋ね仰せ付けられ畏《おそ》れ奉り候。御長(局)御次道具御用相勤め申し候。

文化八年二月の火災で四谷塩町の家が焼失し、本丸御用に関する書類も焼いてしまい、いつから鑑札(御用)をもらっていたかわからない、と徳雅は記している。商売に関しては、対象は御殿向ではなく、長局に住まう女中相手の御次御用であることがわかる。

ところが、いつからなのかのヒントになる記載が見つかった。

天明二年七月中大地震度々《たびたび》ありて諸方に破損の家多く、これあり。おそろしき事に存じ候。庄蔵(勝五郎)十五歳にて才髪《さいはつ》(発)と存じ候。御本丸御鑑札は大切に候えば非常の時はわれ心得《こころえ》居りて持ち退《の》き致すべしとて、その用意など申され候

天明二年(一七八二)七月には地震が多く、みんな不安に思っていた。この頃、勝五郎は才気にあふれ商売に対しても意欲があり、家にとって一番大切な「本丸鑑札」は責任をもって自分が持ち出すと主

張している。これにより、天明二年七月以前に山田屋は江戸城本丸大奥の御用を請けていたことが判明する。

天明元年に家斉が将軍世子として江戸城の西丸に引き移る。一橋家からは家斉の面倒を見ていた岩田も付き従う。岩田は**とよ**が一橋家の御用を得るときに、頼った人物である。つまり、ここで西丸御用を請けたというなら合点はいくのだが、「本丸鑑札」とあるので、本丸の誰かとの結びつきがあったことになる。

天明年間(一七八一—一八八)は一〇代家治期の後半に当たり、本丸大奥では安永二年(一七七三)に筆頭老女となった高岳《たかおか》が権力を有していた。高岳は田沼意次《たぬまおきつぐ》と手を組み、仙台藩主伊達重村《だてしげむら》が少将から中将へ昇進する内願の手助けなどをした。山田屋が本丸御用を請けるには、田沼意次か高岳に繋がる伝手があることが有効である。

第三章でそのいきさつは語るが、山田屋はどうやら田沼家と結びつきがあったように思われる。

寛政期の大奥御用

山田屋を継いだ徳雅は、しばらくおろそかになっていた商売の立て直しに粉骨砕身するとともに、武士になることを望んだ従兄勝五郎の御家人《ごけにん》株《かぶ》取得に関わる金策のためにも働く。

まずは江戸城本丸大奥で、御台寔子の御茶之間《おちゃのま》として勤務中の**ねん**(みの妹)に手紙を認《したた》め、御用の拡大を依頼する。**ねん**は大奥の女中たちに御用を聞いて回り、取次をしてくれ、片腕のように力になってくれた。

寛政年間（一七八九―一八〇〇）は、**ねん**の取次で御殿の御用を多く得る、と「永久田家務本傳」にあるが、具体的に見ていこう。最初に**ねん**は、御錠口《おじょうぐち》という役職にある梅崎との間を取り持ってくれた。御錠口は奥と大奥との境にある錠口の管理をする重要な役職で、御台の湯茶の調進をする御茶之間である**ねん**からすると、かなり格上の存在である。しかし、そのような立場の人とも**ねん**は親しかったようだ。寛政九年、梅崎は老女に次ぐ二番目の役職である御客応答《おきゃくあしらい》に昇格している。

その梅崎が徳雅を気の毒に思い、お万（淑姫《ひでひめ》・竹千代生母）・お楽（家慶生母）・お歌（二男二女を産む）・お登勢（峯姫・斉順《なりゆき》生母）・お蝶（斉荘《なりたか》・和姫生母）ら家斉の側室である中﨟《ちゅうろう》たちとの間を取り次いでくれる。その支払いも早く、残らず取りまとめて渡してもらえる。側室たちが懐妊し、腹帯を締める着帯の儀があると、松竹梅の金屏風一双などを用意する習わしで、それも請け負わせてもらう。用意するのが組織としての大奥か、側室個人かははっきりしない。

そして次第に、中﨟たちからも直接御用を請けるよう

図4　蒔絵の硯箱（「和歌の浦蒔絵硯箱」公益財団法人宇和島伊達文化保存会蔵）
この硯箱は宇和島藩7代藩主伊達宗紀《むねただ》の所用であるが，山田屋が，お万や一橋治済の依頼で誂えた硯箱も，大名家に残されたものと同クラスであったと考えられる．

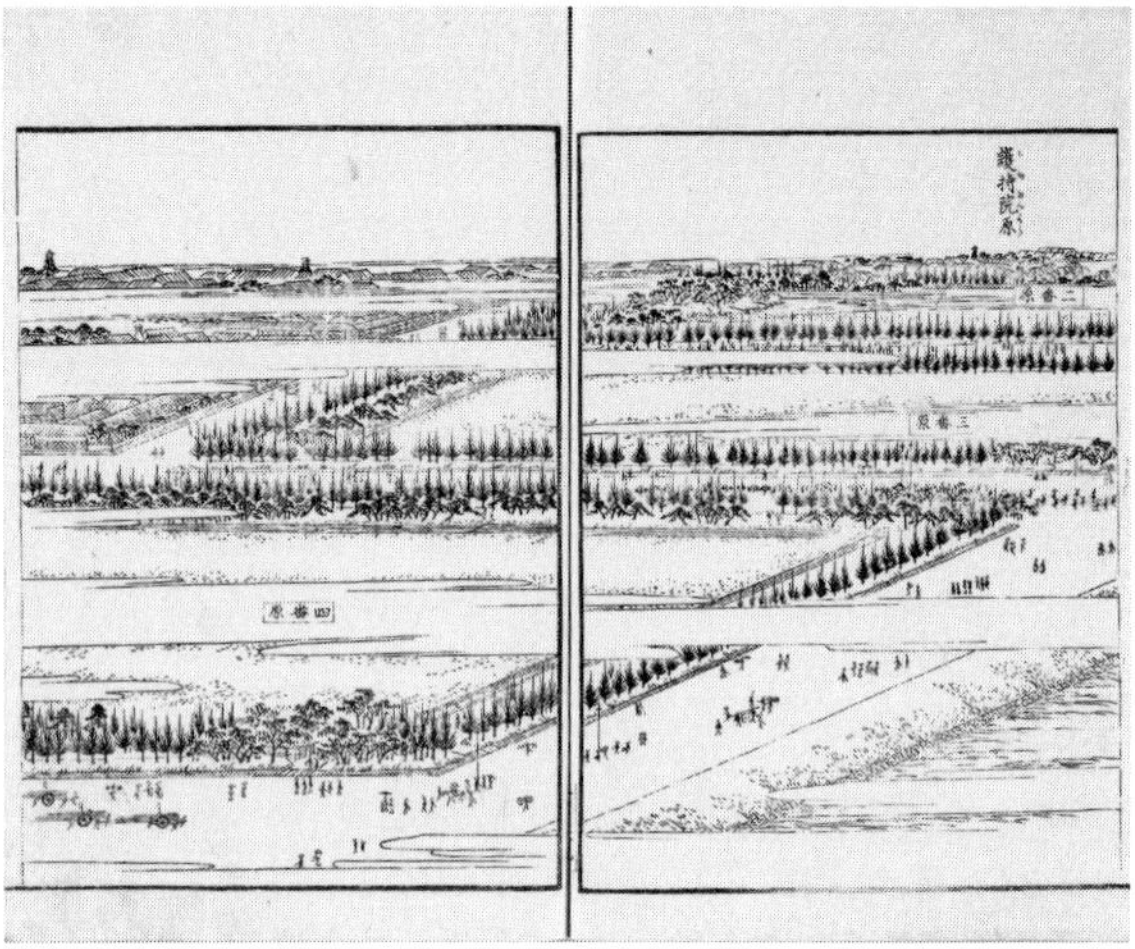

図5　護持院原（「江戸名所図会」より．東京都立中央図書館蔵）
かつて真言宗の護持院があった場所で，享保2年（1717）の火災で類焼し，その後火除け地となった．

になる。お万からは文台《ふみだい》や硯箱《すずりばこ》など高額の御用もあった。さらに、家斉の子女が誕生するたびに、新規の女中の採用（召し出し）があり、**ねん**の計らいで召し出し道具一式の御用を請ける。これら側室との結びつきが、さらにその子女の縁組先への御用や奉公に繋がっていく。特にお蝶とは、その息子斉荘に徳雅の姪**たみ**が仕えたこともあり、親密な関係が長く続く。

その上、「御台所様へも御内々御用のよし、鼻紙台二十両余りの品」とあり、御台寔子の御用も内々に得ており、鳥取藩池田家や淑姫御守殿でも、一部、「御上御用」の依頼を受けている。山田屋が許可されたのは御次御用だが、女中の差配により、御上御用も内々に請けることが可能であることがわかる。御上（御殿）の御用商人との軋轢はなかったのか、気になるところだ。

次に、徳雅は一橋家老女戸川の局《つぼね》**ちせ**にも実情を話し、頭を下げている。**ちせ**は家斉生母お富に道具を納める取次をしてくれる。御用が頻繁になるのは、「神田橋御殿」とあることから、家斉実父一橋治済《はるさだ》が、神田橋邸に住まいを移した寛政九年（一七九七）六月一日以降となる。治済は神田橋と一橋の間に広がる護《ご》持院原《じいんがはら》にしばしば出かけた。そのたびに料紙（文字を書くときの和紙）や硯箱・床置物・香炉・卓など、一品で四、五〇両の御用があった、と「永久田家務本傳」で述べている。治済が護持院原で何をしたかの記載はないが、お富を伴い前記の品々を持って行ったとなると、優雅に和歌でも詠んだのだろうか。

この時、お富は女中ではなく一橋家の家族となっており、治済の御用も請けていることから、一橋家の御用は御次ではなく御上御用であったとも考えられる。

淑姫御守殿御次御用と岩田

徳雅は叔父の家に入ってからわずか三カ月後の寛政八年（一七九六）二月、二四歳で正式に家督を継いだ。そのことは天保六年（一八三五）十一月、西丸御広敷より西丸御用達町人に対し、何年何月に家督を相続したか書き出すよう達《たっし》があり、それに対し徳雅が「寛政八年二月に家督相続」と答えていることからわかった。

家督を継いだ徳雅が新たに開拓したのが、御《ご》守殿《しゅでん》御《ご》用《よう》である。寛政十一年十一月に淑姫《ひでひめ》（家斉嫡女、寛政元年誕生）が、尾張徳川家に輿入れするにあたり、同年八月、徳雅は御守殿御次御用と出入りの門札の発行を願い出る。

図6　「絵本吾妻抉《あずまからげ》　屋敷内宝引きの図」（国立国会図書館蔵）
江戸城大奥での福引がこのような形で行われたかは定かではない．

御広敷長局向《おひろしきながつぼねむき》道具類御用、年来滞《とどこお》りなく相勤め奉り有難き仕合せに存じ奉り候。しかるところ、恐れながら此度《このたび》淑姫君様御入輿《ごじゅよ》あらせられ候後、御守殿御次向道具類御用相勤め奉りたく存じ奉り候。何卒ご慈悲をもって願いの通り仰せ付けさせられ、下し置かれ候様に願い上げ奉り候。以上。

大奥での御次御用（ここでは「御広敷長局向道具類御用」と記載）の実績を強調し願い出た徳雅は、淑姫御守殿御次向御用達となり、「尾州様へ淑姫君様御入輿、右に付山田屋六世の徳雅御門札戴く事」と、出入りの門札を頂くことができた。

淑姫付女中のうち、山田屋が御用を請けていた者として、岩田とやをの名前を挙げている。岩田は家斉誕生時の養育担当者「御守格《おもりかく》」で、一橋家にいたときから、山田屋は岩田の御用を請けていた。岩田は家斉が「心安く」思っていた存在で、その引きで本丸大奥福引《ふくびき》（年の初めにくじ引きで種々の品物を分けること)御用を、岩田が担当の年から山田屋が仰せつけられた。この御用は六、七年続き、回につき二〇両ずつの道具御用があった。寛政元年(一七八九)淑姫が誕生すると、岩田は子を育てる扱いを心得ているということで姫の守役《もり》となり、山田屋は淑姫の福引御用も請ける。西丸が開かれたとき(家慶の西丸移徙《わたまし》は寛政九年)も、西丸福引御用を仰せつけられる。このような時、**ねん**が素早く動いて根回しをしてくれた、と徳雅は「永久田家務本傳」で述べる。福引は御上御用のように思えるが、岩田は御次御用商人の山田屋に任せてくれている。そのあたりは女中たちの匙加減《さじかげん》しだいとなるので、力のある女中に気に入られることが肝要といえる。

ところで、将軍姫君の縁組が決まると、御付の上臈・小上臈となる公家の女性が江戸に下向することとなる。淑姫は誕生した翌年(寛政二年)に早くも尾張家との縁組が内定する。淑姫付小上臈となるべく正親町《おおぎまち》家の**やを**が下向する際、山田屋は大奥で使う道具一式を揃える御用を仰せ付けられた。道中で使用する朱網代輿《しゅあじろこし》、大奥での食事に用いる膳・碗・三方・猫《ねこ》足膳《あしぜん》・戸棚・七輪・鍋・釜・味噌壺・塩壺など、帳面通りにすべて用意した。**やを**は寛政九年の「淑姫分限帳」にも名前がある。

新規召し出し道具といっても、小上臈と御半下では雲泥の差があるので、小上臈である**やを**の件は山田屋にかなりの利益をもたらしたと推察できる。

やがて、淑姫が文化十四年(一八一七)に死去したことにより、

表2　入輿時の淑姫付女中

職制	名前
大上臈	錦小路
小上臈	やを
御介添	岩田
	つほね(佐保山)
御年寄	恵川
	永井
以下略	

(国立公文書館蔵「淑姫君様御入輿一件」より作成)

尾張御守殿御用は一八年間で終わる。御守殿の御用は主である姫君が死去すると終わることから、継続性に乏しいものといえる。

道具商の仕事と注文

ここまで見てくると、御次御用の実態や山田屋が扱った品などがかなりわかってきた。

さらに、山田屋の仕事ぶりが具体的にわかる記載もある。淑姫が尾張家に入輿する際、御供《おとも》する御付女中の衣類や道具も長持《ながもち》や簞笥《たんす》に入れて運ばれる。その時の長持や簞笥の御用は、複数の道具商が請け負った。中には一夏《ひとなつ》で木地に割れが生じるものがあったというが、「山田屋は直《ね》は高いが、塗りはよい」と評判であったという。もちろん、徳雅の自画自賛なので少し割り引いて見なくてはいけないが。

溜塗《たまりぬり》・春慶塗《しゅんけいぬり》の類の製作は一切外へは出さず、山田屋の使用人(職人)が行った。繕《つくろ》い物(修繕)は下職に出すが、そのうち上等な繕いは「藤本」という職人へ遣わす。「難しき旦那方のよき物のつくろい物にてほめられ候事もこれ有候」と「永久田家務本傳」の中で自慢している。

山田屋が扱うのは主に塗り物(漆器)で、輿・長持・簞笥などの大きなものから膳など日用使いの食器類まで大小様々あるが、七輪・鍋・釜・味噌壺など、塗り物ではない品も取り扱っている。漆器類の塗り直し(修復)もかなりの割合を占めている。道具類は武家屋敷からの払い下げや道具市あるいは店への持ち込みから買い取り、再利用もしており、新規作成はそれほど多くなかった可能性もある。

さて、これまで、呉服と菓子、そして道具と、三種類の商いについて見てきた。呉服や菓子には「雛形帳《ひながた》」という見本帳に当たるものが存在する。注文の過程を三井越後屋の例で見ていこう。幕末期、天璋院は毎年小袖を注文している。まず、注文主である幕府と三井越後屋の間で、生地、地色、模様や縫い方を文字で記した注文帳が作られる。それを基にデッサンが書き起こされ、雛形帳が作られ、両者で確認をする。模様には天璋院の好みも反映されたであろう。

菓子の場合も「雛形」や「絵図」と題する、色鮮やかで様々な模様の見本帳が存在する。その中には注文主の好みを反映したものもあり、見本帳の中から選んでもらうこともあっただろう。金沢丹後は水戸藩主徳川斉昭が自ら描いた菓子雛形を拝領している。一方で、嘉祥《かじょう》などの儀式で使用する菓子のように、形・色などが決まっているものもある。

では、道具（漆工芸品）の場合はどうであろうか。姫君の婚礼道具などの意匠は唐草や吉兆模様と家紋の組み合わせによるもので、「婚礼道具帳」は数多く残されているが、本人の好みが反映される余地はあまりないと推察でき

図7　「新板かつて道具尽」（国立国会図書館蔵）

る。もっとも、普段使いの道具、山田屋の例でいうと、一橋治済に納めた硯箱や卓には、模様などに関する治済からの指示があった可能性もある。

しかし、山田屋の商売は御次御用で、商売相手は奥女中である。現在、奥女中が使用した道具はほとんど残っていない。幕末期に御年寄を務めた瀧山の子孫の家に伝えられた猫足膳は、全体が黒漆の簡素なものである。また、瀧山が使用したと伝えられる朱網代駕籠も、朱漆で中に模様などはない。おそらく、召し出し道具もパターンが決まっていたものと考えられる。また、三井越後屋は女中たちの御次御用も務めているが、その注文帳の類はまだ確認できていない。呉服物について、どれだけ彼女たちの自由度があったかの解明は、これからの課題である。

それだけに、奥女中にとって、「上々様方」が使用した呉服や道具を下賜される、納戸払いや福引は楽しみだったと思われる。

上臈花町とは

花町は公家倉橋《くらはし》家の出身、寔子が家斉の御台になった寛政元年(一七八九)からの筆頭上臈で、天保十五年(一八四四)五月の江戸城本丸火災で焼死したことがつとに知られている。火災が起きたとき八〇歳過ぎで、老衰のため床に伏しており逃げ遅れたといわれるが、その没年齢は不明である。

倉橋家の系図を見ると、倉橋有儀の娘美都子という人がおり、「徳川家慶御台所上臈」と記載されているが、その兄弟の生年からして「家慶御台」は「家斉御台」の間違いではないかと考察できる。

天保十五年に八〇歳代で亡くなった花町の生年は明和期(一七六四—七二)頃となり、宝暦八年(一七五八)に生まれた兄泰栄と安永八年(一七七九)に生まれた弟泰行の間に収まる。よって、この有儀娘美都子が寔子付上臈花町だと考えられる。

また、花町の兄泰栄が、本家である土御門《つちみかど》家を相続していることから、この時期に倉橋家と土御門家は姻戚関係にあった。

花町は主である寔子から煙たがられ、同時代を生きた人からの評判は芳しいものではなかった。寔子は御台としての貫禄がついてくると、実家島津家や縁戚関係の諸家のために、家格向上の後押しを開始する。島津家の内願に協力的でなく邪魔をする花町に、寔子は不快感を抱いている、と江戸後期の島津家について研究している崎山健文氏は指摘する(崎山、二〇一九)。寔子は弟島津斉宣《なりのぶ》へ宛てた書状で、次のように心情を吐露している。

〈現代語訳〉花町はきちんと仕事はするが、私の心情には添わず嫌なところがある。何事も色々気遣いをしないといけない。そなた(斉宣)へしている内願の取次もあまり話さないようにしなくてはならない。とかく邪魔をして何事もやりにくく、困ったものである。

寔子は内願のルートから花町をできるだけ排除しようとして、もう一人の上臈梅渓《うめたに》をその役にすえた。梅渓も櫛笥《くしげ》家という公家出身ではあるが、寔子に協力的で斉宣の信頼も厚い。しかし、たとえ御台であっても、気に入らないという理由だけでは老女を替えることはできないことがわかる。

旗本森山孝盛《たかもり》の娘で、手記「風のしるへ」を残した森山りさは、花町を嫌悪し、次のように酷評している〔畑、二〇一八〕。

〈現代語訳〉文通は京都の近衛家の村岡と、大奥では花町がしていた。町印（花町）は公家びいきで、島津家を疎略にして、近衛家を大切にする。そのため色々と差し支えがあるので梅渓からも文通をさせようという御台（寔子）の沙汰であるが、町印は他人を入れず自分ばかりでせき止めているが、そのことを村岡は知らず、町印と親しむのが良いと、京風になれなれしくあからさまに言ってくる。

りさは寔子付中年寄《ちゅうどしより》である妹嶋沢と共に、寔子に命じられ島津家の内願を仲介する役を務めていた。寔子とその弟斉宣を結ぶ役目である。右の箇所は近衛家の老女村岡との交渉の様子を述べたところであるが、**りさ**は花町の事を「町印」と呼び、花町は島津家より公家である近衛家を大事にして、他の人を入れずに自分のみが交渉の窓口となろうとしている、と批判している。

花町は公家の娘として、和歌などの素養は一通りあったといえる。寛政十年（一七九八）に編まれた松代藩主真田幸弘の六十賀集『千とせの寿詞』に「御台様上臈倉橋家花町」の肩書で「老のかす《(数)》ともにかそえて軒ちかみちよ《(千代)》の色そふ《(添)》まつ《(松)》の言のは」という歌を寄せている。また、文政九年（一八二六）に寔子の御供で浜御庭《はまおにわ》（現在の浜離宮恩賜庭園）を訪れた時の紀行文を、梅渓とともに「千代の浜松」と題して認めている。

花町と山田屋の関係

山田屋の中で花町と接点があったのは、徳雅の養母みのである。寛政四年(一七九二)四月、みのは後に花町の局となるゆりと共に京都へ向かい、花町の実家倉橋家を訪問し、その母清涼院に花町からの言付けを伝えている。その旅の詳細は、第三章2節で述べたい。その同じ年、青梅柳屋の娘なか(後の徳雅妻)を花町部屋《へや》方《かた》にあげている。寛政四年にはすでに親密な関係になっているが、それ以前の記載がないため付き合いの切っ掛けはわからない。

そもそも、花町がいつ江戸に下向して江戸城に入ったかが不明である。寔子は「御《ご》縁女《えんじょ》様」として天明元年(一七八一)には江戸城西丸に入っているが、婚礼をあげるまでは御付女中は公式書類に顔を出さない。寔子が御台となる寛政元年(一七八九)までには花町は江戸に下向していたことは間違いないが、何年前かはわからない。

徳雅は倉橋家の家士《けいし》(家来)宇都宮《うつのみや》求馬《もとめ》についても触れている。求馬は花町の兄が養子に入った土御《つちみ》門《かど》家の家職である陰陽道《おんみょうどう》御用のためたびたび江戸に下向し、その時は清涼院から花町への御用の使いとして、四谷の山田屋にも立ち寄った。清涼院からの手紙や品物を預かった山田屋が花町へ届けたのだろう。みのが直接大奥に登城して、届けることもあったと想像できる。

さらに、山田屋は寛政九年頃から、花町の金銭の収支管理を請け負うようになる。その事情を見る前に、上臈年寄の収入について確認しておこう。ちょうど寛政九年の御台(寔子)付女中の分限帳(職制ごとの女中一覧)が残っており、それによると上臈である花町の諸手当は、切米《きりまい》五〇石、合力金《ごうりききん》五〇両、八人扶持《ふち》、炭一〇俵、薪一五束、湯之木一七束(五月から八月)一三束(九月から四月)、有明一半夜、五菜銀二〇〇目である。切米と合力金は年俸で二季に分けて支給され、扶持以下は月渡しである。炭は暖房用、薪は料理用、湯の木は風呂用、油は灯りに使うもので、これらは現物支給である。

将軍付の奥女中と比べると扶持以下が若干少ないが、上臈には町屋敷が与えられ、それを人に貸して賃料を得ることもできた。

花町と局は寛政元年五月二十一日に町屋敷を得ている(「江戸幕府日記」国立公文書館蔵)。

花町

願の通り町屋敷下され候所、御見立願わるべく候

つほね

同文言

右御広敷へ丹波守《たんばのかみ》相越し、申し渡し書付を渡す

この「つほね」は部屋方を統括する局《つぼね》とは違う意味で、自分が仕える主が成人したあとも近侍した元乳母の呼称として使われたといわれる。この説(高田、二〇一九)は天英院(六代家宣正室)に関する事例より導き出されたものであり、家斉期も同じ意味だったかは検証する必要がある。局の役職にあるときはいわゆる女中名は使用しないが、寔子の局は藤崎で、職制は御年寄に当たる。藤崎の諸手当は花町と同額である。

「永久田家務本傳」の記載によると、局(藤崎)は花町の世話親となっている。大奥へ上がるときには世話親を必ず立てなくてはならず、世話親は奉公の指南などをしてくれ、後見人といえる存在であ

った。

花町は下向してしばらくは、世話親であった藤崎と相部屋であったと思われる。そのため、おそらくは藤崎が花町の収入も管理し、両者の生計がないまぜになっていたと考えられる。そのせいなのかはわからないが、花町は品物代の支払いが滞り、八〇〇両もの借金があったという。次の話から、借金の相手は局のようだ。

花町はまだ若く、衣装や道具など種々欲しい物があるが、思い通りにいかず、生母清涼院に愚痴を言う。その話を清涼院から聞かされた**みの**は、「例の俠客の性」を発揮して、局と花町の生計を分け、花町の借金の書付をとりまとめて返済の仕方について片をつけ、局に内金を渡し、残りは追々返済するようにしたので双方納得した、と「永久田家務本傳」に書かれている。それから、返済は町屋敷の地代から月々金五両一分二朱の上りを元利へ回し、花町が受け取る二季の合力金と切米もいったん山田屋で預かって、喜雅が花町の生計のやり繰りをしてやったという。

喜雅の死後は、その妻の**みの**が花町の仕送りのことを引き受けるが、実際の算用は義理の息子である徳雅がしており、「毎月御地代金五両一分二朱づつ請け取り給いて、御用金納められ候。算用は徳雅致《いたし》候」とある。

後に、松島町紀伊国屋吉郎兵衛の妹**ゆり**が、花町の部屋をまとめる局三浦となったことで、花町の収支はきちんと管理され、借金も減じ、徳雅も仕送りから解放された。**ゆり**は、手跡が見事、つまり字が綺麗で、算用に長けていた。あるいは**ゆり**を花町に推挙したのは**みの**だったかもしれない。

みのは藤崎の局浜路とも旧知の心安き間柄で、寛政四年(一七九二)九月末には、病気療養のため山田屋に滞在していた青年期の徳雅も連れ、浜路と三人で川崎大師に一泊旅行に出かけている。文化六年(一八〇九)に、浜路が主人の死後、親元である淀橋に下がり隠居しているという記載があることから、藤崎はこれ以前に死去していることがわかる。

公家の年若い娘が江戸に出てきて、いきなり高額な諸手当を貰い、欲しいものが溢れている環境で、金銭管理が上手にできないのは致し方ないこととも思える。文政期(一八一八—二九)に花町は、寔子が実父島津重豪に金子三〇〇両を下賜したいという意向に反対している。崎山健文氏は花町を吝嗇家《りんしょくか》と評しているが〔崎山、二〇一九〕、自らの若いころの苦い経験から締まり屋になったのだろうか。それとも、自分以外には厳しかったのか。

花町の御用

道具商としての山田屋と花町との付き合いはどのようなものだったのだろうか。山田屋は毎年花町の朱網代輿の修繕(おそらくは漆の塗り直しなど)を請け負っている。輿(駕籠)は上使《じょうし》用と仏参用の二挺あったと記す。上使とは御台の意を呈し大名家へ使いに行くことで、仏参は御台の代参並びに将軍家の法要や祈祷の目的で寺院に行くことである。目的(訪問先)により駕籠の仕様が異なったことがわかる。

参考までに加賀藩前田家の本郷上屋敷内の溶姫御住居図面を左に掲げる(図8)。「表御門」(現在の東

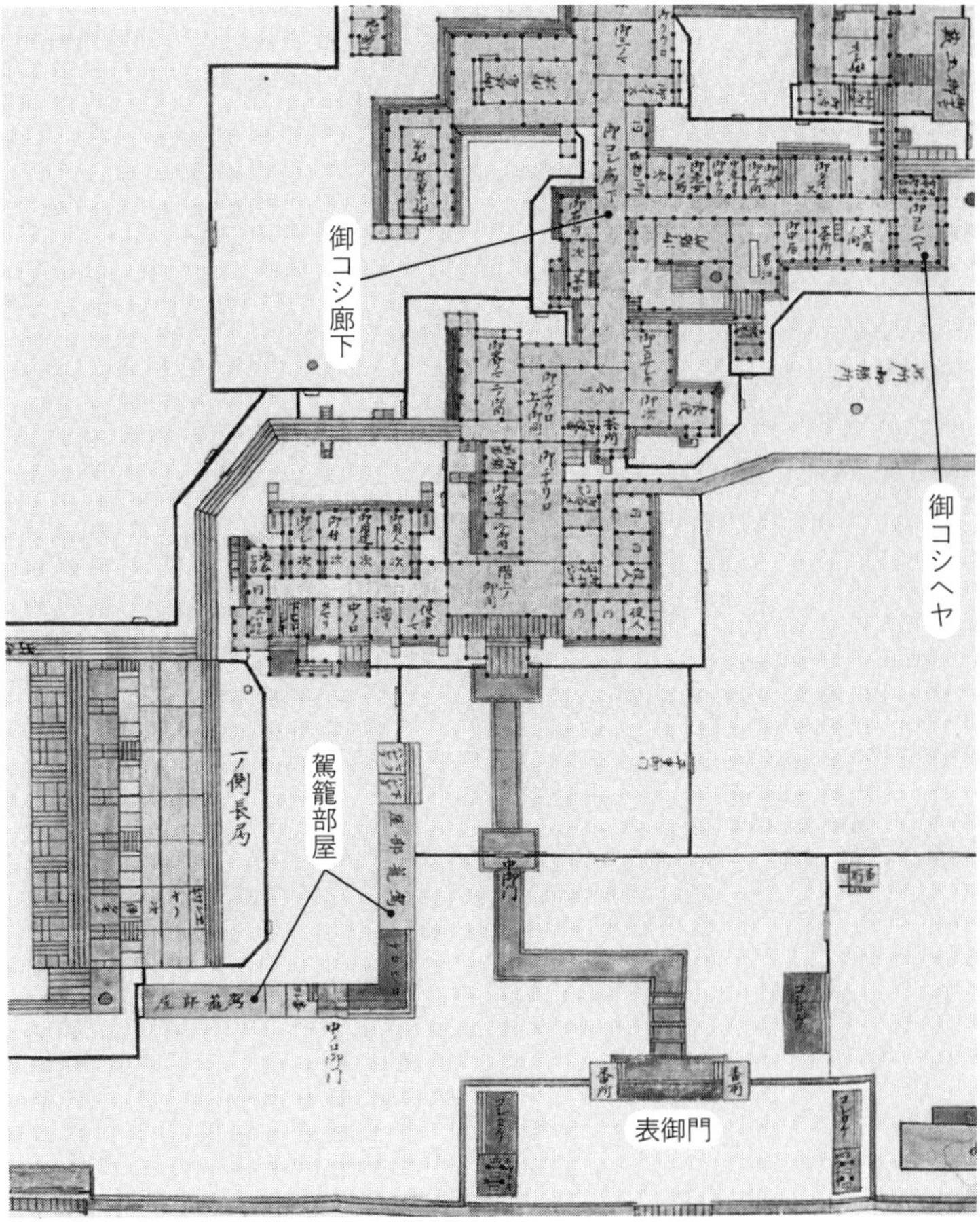

図 8　「溶姫御住居図」(部分．公益財団法人前田育徳会蔵)

京大学赤門)の左手に広大な「駕籠部屋」がある。溶姫(家斉娘、前田斉泰正室)が使用する駕籠(輿)は、御殿の中の「御コシヘヤ」に納められているので、ここは女中たちの駕籠置き場と推察できる。老女が二挺ずつ所持していれば、広い面積が必要なことが理解できる。

もちろん、花町の御用はこれだけではなかったと考えられるが、詳しい記載はない。

文化六年(一八〇九)二月の**みの**死後、山田屋と花町との関係はどうなったのだろうか。徳雅は従兄勝五郎の後妻**みよ**の妹**てや**を、花町部屋方に世話している。年代は不明だが、**みの**が生きていれば自分で世話しただろうから、これは**みの**死後の話と推測できる。さらに、天保九年(一八三八)三月十日の西丸火災で被災した花町へ見舞いを送っている。しかし、天保十五年火災での死亡については「御本丸炎上花町様焼死」と短く伝えるのみである。

徳雅は恩義のある奥女中が亡くなった時は、その人柄を称え山田屋がどのような恩恵を受けたかを詳述しているが、花町についてはそうした記載はない。むしろ面倒を掛けさせられていた、という感があったからではないだろうか。

文化期の山田屋の御用

いままで述べてきた御用は、文化年間(一八〇四—一七)へと継続され、花町の御用などは死去する天保十五年(一八四四)まで続いたと考えられる。しかし、文化期以降は山田屋の御用や商売に関する「永久田家務本傳」の記載は極端に少なくなる。それは取りも直さず商売が順調であり、特筆すべき出来事のなかったことを物語っている。

文化八年(一八一一)、ここで徳雅は「これまで両御丸奥向、尾・紀・水戸様奥御用を勤め候」と記しており、御用を務めている先が判明する。本丸・西丸と尾張、紀伊、水戸とあるが、他の大名家との取り引きはなかったのだろうか。もっとも将軍家と御三家の御用を請けていれば、それで充分ともいえるが。翌九年、「本丸鑑札書替」をうけるが、この件はすでに「本丸大奥御用の始まり」(本書二五頁)で説明したので割愛したい。

文化十一年九月、同年十一月に、水戸へ輿入れする峯姫《みねひめ》の御付女中に祝儀として献上物を差し上げ、御守殿出入りの鑑札を願う。


大奥向御次道具類御用、年来滞《とどこおり》なく相勤め奉り有難き仕合に存じ候。右に付此度《このたび》峯姫君様御引き移り遊ばせらる後、御本丸の通、御守殿御次道具類御用向、仰せ付けさせられ、下し置かれ候様、ひとえに願い上げ奉り候。以上。


淑姫の時と同様に「大奥向御次道具類御用年来無滞奉相勤」と江戸城大奥での実績を強調し、御用を願う書面を広敷役人宛に提出する。そして同年十一月十六日鑑札を頂戴して許可される。

峯姫は嘉永六年(一八五三)まで生きたので、御用はかなり長く続いたと推察できる。しかし、峯姫は家斉の子女のうち成長した二番目の女子であり、その後一〇人の姫君が大名家などへ輿入れし、御守殿・御住居御用が発生するが、その際に徳雅が動いている気配がない。

寛政十二年(一八〇〇)に祖母とよ、翌享和元年に養父喜雅が立て続けに亡くなり、物入りが重なったが、十分な収入があり問題はなかったと徳雅は「永久田家務本傳」で述べる。さらに、商売繁昌で元気に暮らし、遊ぶ金もでき、質渡世をはじめても損するようなことはないと続ける。火災や盗難に遭っても支障はなかったと自慢する。

図 9 「温故東の花 第三編 旧幕府御大礼之節町人御能拝見之図」(部分, 明治 22 年, 東京都立中央図書館蔵)

文化十一年(一八一四)五月二十五日未明、山田屋に盗賊が忍び込み、小判や銀貨など約一二〇両、銀の簪《かんざし》十数本とビロードの紙入れなどが盗まれた。徳雅は北町奉行永田備後守正道に訴え出た。永田正道は寛政期に西丸広敷用人を務めており、徳雅とは面識があったかもしれない。訴状に書いた徳雅の肩書は「赤坂裏伝馬町三丁目　家持　質屋　庄左衛門」となっている。道具商ではなく質屋の肩書を使っていることから、当時はすでに商売の比重をそちらに移していたことがわかる。また、盗賊に狙われるほど繁盛していたとも捉えられ、既存の取引先だけで十分な収入があり、それ以上広げる必要性を感じていなかったともいえる。

文化十三年四月十五日、家斉が右大臣、家慶が右大将に昇進したことを祝して上演された能に偲雅も招かれ、江戸城内で拝見する栄に浴した。当時、年中行事や臨時行事において、儀式終了後の饗応の一環として能の上演が行われるのが常であった。その際、幕府は日頃の働きをねぎらうために町年寄や御用商人などを招いたが、それはまた将軍家の権威を見せつけるパフォーマンスの場でもあった。町人たちが中庭に設えられた臨時の見物席にすし詰め状態で入っている様が、絵画などに描かれている(図9参照)。

家斉政権の恩恵

家斉政権を正面から扱った研究は、寛政の改革をテーマとするものを除けば、長いこと行われていなかったが、近年は家格向上などの内願に着目する研究が進み、その立役者である老中水野忠成《ただあきら》に関する著書も出版された(福留、二〇一八)。

それでも、江戸を中心とした華やかな化政文化をうむ土壌を作ったこと以外は、内願により大名間の均衡が崩れ、賄賂が横行したなど、家斉政権に対する評価は低い。子沢山が幕府財政を圧迫して、諸藩に送り込まれた家斉の子女も長生きするものは少なく、幕府倒壊を防ぐ楔《くさび》とはならなかった。

しかし、その子沢山が御用商人を潤し、その経営を安定させ、ひいては江戸の経済を好景気に導いていたことが、「永久田家務本傳」を読み解くことで見えてきた。

山田屋は「宝暦の災難」により傾いた経営を寛政期に回復することができた。それは徳雅の祖母**とよ**が家斉が一橋家にいた時からの老女と知り合いで、家斉に従って江戸城に入った女中の伝手などで、初期から家斉政権の内部に入り込むことができたことが大きい。その後も、淑姫・峯姫の御守殿御用も請け、家斉の子沢山の恩恵を受けている。

後で述べるが、山田屋黒田家の親類である柳屋小林家は、寛政の改革による棄《き》捐《えん》令《れい》なども要因となり、借金がかさんだ。徳雅の姪**たみ**は江戸に出て、家斉息女の御守殿・御住居、家斉子息の養子先の大名家に働き掛け、積極的に御用を獲得していき、江戸に出店を持つまでになった。柳屋を立て直すのにも家斉の子沢山が有効に機能したのである。

第二章　山田屋の歴史と黒田徳雅の生涯

1　御用商人への道

山田屋を興す

第一章でも述べたように、江戸山田屋の歴史は、寛文年間（一六六一―七二）に初世黒田勝左衛門信《のぶ》成《なり》が江戸四谷塩町一丁目で道具商を営み「山田屋」と号したことに始まる。

信成は明暦三年（一六五七）、近江国蒲生《がもう》郡安養寺村（現・滋賀県近江八幡市）の荘厳寺《しょうごんじ》（浄土宗）の住職、黒田庄右衛門友直《ともなお》の次男として生まれる。幼いころに伊勢山田の御師《おし》である矢野《やの》藤原太夫《ふじわらだゆう》に仕え、その主人が江戸四谷塩町一丁目に呉服絹布の店を出すのに伴い、召使いとして下る。この奉公先の藤原太夫の店は通りに面した表店《おもてだな》で、塩町一丁目のうち江戸城の外堀側を向いた堀端にあったという。

この店で差配を任される「支配」まで務めた信成は、「暇《いとま》」を取り、同所に自分の店を構え、元の奉公先の本店がある伊勢山田にちなんで山田屋と号する。ちなみに、男女にかかわらず奉公を辞める

（今でいえば退職）ことを「暇《いとま》」といい、「暇を取る」などと表現する。また、奉公先に行くことを「上がる」、辞めたり休暇を取って奉公先から出ることを「下がる」と表現する。

信成は、呉服を扱っていた主家《しゅけ》藤原太夫と商いの内容が被らないよう、道具を扱うことに決める。つまり、新品や中古も含めた家具の類を扱う商売を始めた。そして修行中に培った人脈を活かして、武家方に出入りをする。

「諸家出入多き中に阿部《あべ》豊州《ぶしゅう》（豊後守）侯に御恩蒙《こうむ》りし由」とあることから、当初より大名旗本等の家に出入りし、特に忍《おし》藩阿部家からの注文が多かったことがわかる。ただし出入りを許されることが、即ち「御用達」に当たるかどうかは検討の余地がある。

信成は独身であったので、妹**ぎん**の次男古由《ひさよし》を養子とする。**ぎん**は京都御所に宮仕えをし、下がった後に染め物を生業とする京都竹屋町の桔梗屋《ききょうや》長右衛門に嫁いでいた。京都と江戸の違いはあるが、**ぎん**も女房として奉公している。

享保九年（一七二四）十月一日に初世信成は六八歳で没し、生前に菩提所と定めていた四谷西念寺《さいねんじ》に埋葬される。西念寺が生家の荘厳寺と同じ浄土宗だったので選んだのだろう。以後この西念寺が黒田家の菩提寺となる。西念寺については本章3節で詳しく述べる。

「享保の偽筆事件」

跡を継いだ二世庄八郎古由も商売に励み、変わらず栄えたが、享保十三年五月二十二日、風邪をこじらせて、三二歳で突然死去してしまう。古由には女児がいたが二歳で早世しており、後継ぎを決めないまま亡くなってしまった。

ここで後継者をめぐる「享保の偽筆事件」、山田屋にとって最初の試練が発生する。信成は自分と同じ近江出身の五兵衛という召使いを重用し、「支配」とした。五兵衛はいったん暇を取り近江へ帰っていたが、享保十三年三月には江戸へ戻り古由の元に逗留し、その死に立ち会った。

古由の妻**いよ**が跡式《あとしき》（後継者）の事を何か聞いていないかと五兵衛に尋ねると、五兵衛は家督を自分に譲るとした古由の遺言状を取り出した。

養父跡式我相続いたし居り在り候所、今度大病にて存命はかり難く存じ候に付、我等存じ寄り申し置き候。我等跡式の儀は五兵衛義、養父の代より実躰《じってい》に勤め候者故、養子となし家督相続致させたき様に候。これに依り御親類方御一同御立合いの上相定めたく存じ候所、大病の節殊《こと》に遠国の御親類様方にてその儀に及び難く候間、我等存じ寄り申し置き候。（後略）

享保十三戊申年五月　山田屋二世庄八郎判

御親類様方

五兵衛殿

そのことを聞いて不審に思った古由の兄長右衛門（初代信成の妹**ぎん**の長男）は、六月、急いで江戸に下向した。遺言状には証人がなく、五兵衛に遺言状を渡したという人もいないし、古由の妻**いよ**もその話を知らなかった。探索するうちに、偽書を作成したという者を見つける。遺言状は五兵衛がつくらせた偽物だったのである。長右衛門は後顧の憂いをなくすため、五兵衛を町奉行所に訴えるが、詫びを入れてきたので証文を取り、訴えを願い下げた。

すでに長右衛門は京都の桔梗屋を継いでいたので、まずは桔梗屋の跡を宗膳という人物に任せる。後顧の憂いをなくした後、長右衛門は山田屋三世を継ぎ庄左衛門長珍《ながよし》と改名する。元禄八年(一六九五)生まれで、弟古由より二歳年上の長珍はこの時三四歳である。また、古由の後家**いよ**は若かったので、相談の上離縁して実家へ帰した。

三世を継いだ長珍は、性格は温和で、京で成長したので言葉づかいも柔らかであったが、家業の道具類の扱いには慣れていなかった。しかし、二世のもとで勤務していた奉公人が変わらずまじめに勤め励んだので家業は繁昌したという。

享保十五年(一七三〇)冬、長珍は岡崎屋五世長谷川四郎兵衛の娘で竹姫御守殿に奉公経験のある**とよ**を娶る。宝永五年(一七〇八)生まれの**とよ**は二三歳である。ここで、桔梗屋の家督を継ぎ、すでに三〇代であった長珍が京都で結婚していなかったのかという疑問が湧くが、その答えは「永久田家務本傳」には記されていない。

四谷塩町一丁目

山田屋が居を構えた四谷塩町一丁目について見る前に、四谷という土地について説明を加えておきたい。現在四谷と呼ばれる場所は、明治期に置かれた四谷区の区域をほぼ踏襲しており、東京都新宿

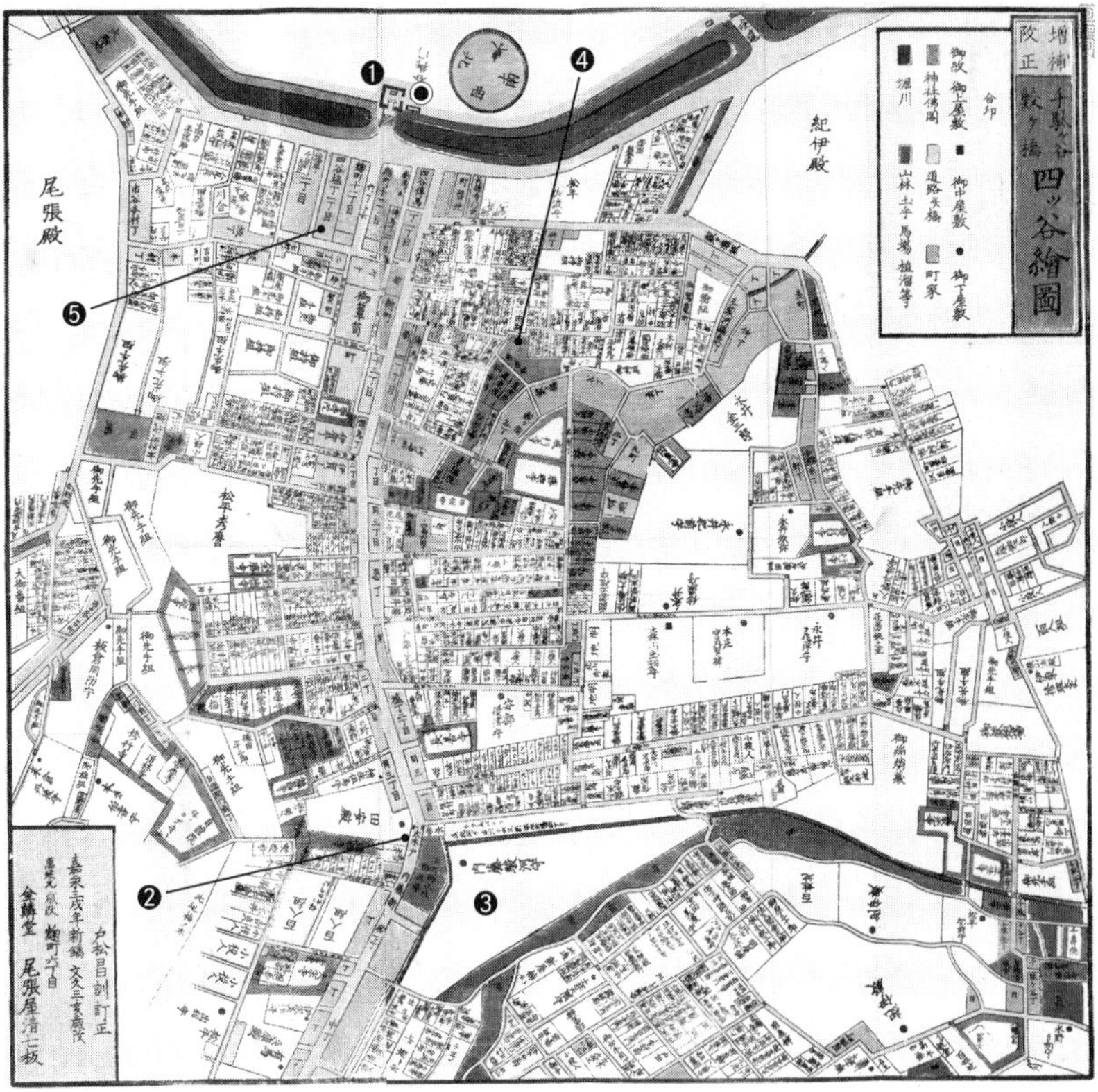

図 10 「千駄ヶ谷鮫ケ橋 四ツ谷絵図」(東京都立中央図書館蔵)

❶ 四ツ谷御門 ❷ 大木戸 ❸ 内藤駿河守(高遠藩内藤家下屋敷)
❹ 西念寺 ❺ 四谷塩町一丁目 ◉JR 四ツ谷駅

区に属し、東京駅と新宿駅のほぼ中間にJR四ツ谷駅がある。

四谷の範囲や特徴を江戸時代末期（嘉永三年〈一八五〇〉）の切絵図（図10）を参照しながら見ていきたい。この図では江戸城の方角、東の方向が上になっている。東端にある「四ツ谷御門」から江戸城の外堀を渡ると四谷である。ここには描かれていないが、「四ツ谷御門」をまっすぐ東へ行くと内堀の半蔵門にたどり着く。半蔵門から四谷門の間には、武家屋敷のみで構成される番町《ばんちょう》と呼ばれる場所がある。

「四ツ谷御門」の少し南にある東西を貫く道が、甲州街道（現・新宿通り）である。甲州街道を西へ進むと、「大木戸《おおきど》」と書かれているが、これが四谷大木戸門である。大木戸をくぐれば、甲州街道第一の宿場、内藤《ないとう》新宿であるが、この頃大木戸は開けられたままだった。「内藤駿河守《するがのかみ》」とあるのが高遠《たかとう》藩《はん》内藤家の下屋敷で、現在は新宿御苑の中に取り込まれている。内藤家屋敷の東側が江戸の内外を分ける線で、東側が朱引内《しゅびきうち》、つまり江戸である。山田屋六世黒田徳雅《のりまさ》の狂歌の師である石川雅望《まさもち》は、訴訟をめぐる事件に巻き込まれ江戸追放となった時、知り合いを頼り江戸の外である内藤新宿へ移住した。絵図をはずれもう少し西へ行くと追分《おいわけ》があり、そこで甲州街道と青梅街道に分かれる。

四谷地域は甲州街道を挟んで両側に町人地が広がる。武家屋敷も多いが、番町に比べると小禄《しょうろく》の幕臣の居住地となっている。江戸城外堀を造成するため、現在の紀尾井町《きおいちょう》や麹町《こうじまち》から寺がまとまって四谷に移転し、寺町が形成された。山田家の菩提寺西念寺もその一つで、付近には多くの寺院が点在する。北東には尾張徳川家の広大な市谷《いちがや》上屋敷の一部が描かれている。

四谷塩町一丁目は、四谷御門から土手を挟んで西側の麹町十一丁目の北側にあたり、二区画あって

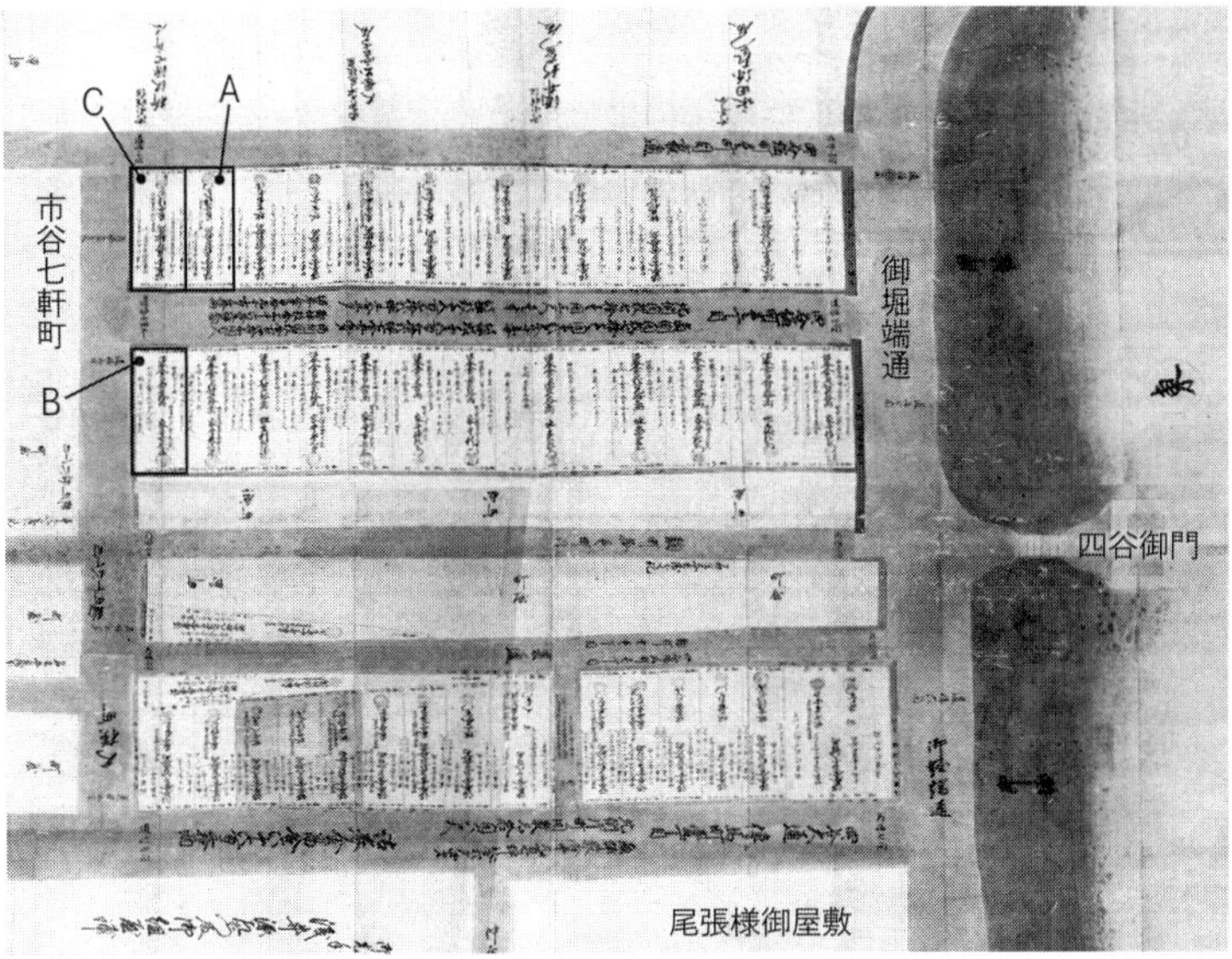

図 11 「四谷伝馬町・四谷塩町沽券絵図」(部分，延享元年．東京都江戸東京博物館蔵．東京都スポーツ文化事業団東京都埋蔵文化財センター編『四谷一丁目遺跡 第 3 分冊』より転載，一部改変．画像提供：東京都江戸東京博物館/DNPartcom)

A—地主：町人四谷塩町一丁目庄左衛門／家守：治左衛門／坪数：101 坪 5 合 9 勺 6 才
B—地主：甲州浪人山下五郎左衛門／家守：七兵衛／坪数：120 坪 8 才
C—地主：甲州浪人内藤織部／家守：佐次右衛門／坪数：117 坪 5 合 4 勺 1 才

西へ細長く伸びている。現在の地名は四谷本塩町《ほんしおちょう》で、その一画に商業施設が建っている。

四谷塩町一丁目は大伝馬《おおでんま》町《ちょう》の名主馬込勘解由《まごめかげゆ》の支配地域にあたる。それは島原の乱に際し、大伝馬町が人馬御用を務めた褒美として与えられた土地であることによる。しかし、大伝馬町と四谷は離れていたため、名主の補佐をする下名主の設置を願い、許可されている。

町は、自分の土地を持ち町内に居住する「居《い》付《つき》地主」である家持《いえもち》、地主から土地や家の管理を任される家主《いえぬし》(家守《やもり》・大家《おおや》ともいう)、土地を借り自分で家を建てて居住する地借《ちがり》、家屋敷の一部を借りて居住する店借《たながり》によって構成される。また、地主の中には町外に住む「不在地主」もいる。

『四谷一丁目遺跡 第3分冊』によると、安政四年(一八五七)の四谷塩町一丁目の人口は七二六人、総戸数一八三戸、そのうち、家持七、家主一五、地借二九、店借一三二である。男女のバランスがよく、下層民でも大商人でもない普通の町人が住んでいた。家持・地借の定着率が高く、店借は頻繁に移動する傾向にあった。職業構成は職人・商人・日雇に大別できる。七、八割は江戸御府内の生まれで、その他は江戸近郊圏の出身者が多い、と陰陽道の研究でも知られる赤澤春彦氏は指摘する〔赤澤、二〇二〇〕。

山田屋は四谷塩町一丁目東側北角より二区画目の家持で、その場所は天保の頃には加賀屋という味噌屋になっている、と徳雅は「永久田家務本傳」に記す。しかし、実際は北側西角より二軒目であったことが、延享元年(一七四四)に作成された沽券《こけん》絵図より確認できる。図11に「地主町人四谷塩町一丁目庄左衛門(家守)治左衛門」とあり(A)、この庄左衛門は三世長珍にあたる。この時は地主(家持)であった。

山田屋の後にその場所に住んだ加賀屋は、安政四年四月の「人別書上」に「生国御当地　家持　味噌渡世　五兵衛　三十二才」とあり、味噌の生産と販売をしている。都市史を研究する高橋元貴氏が作成した図〔高橋、二〇二〇〕でも、北側西角より二軒目が加賀屋となっている。徳雅は実際には住んでいないことから、記載ミスあるいは記憶違いであろう。
加賀屋が山田屋よりその土地を取得したのは、四世知真《ともざね》が江戸追放となった宝暦十一年(一七六一)以降と推察できるが、左の「町方書上」の記載とは齟齬がある。

旧家　家持五兵衛　右五兵衛(中略)儀は加賀国産百姓にて正徳三年中御当地へ罷《まか》り出、市谷人住町へ住居し味噌商売を相始め罷り在り候所、(中略)宝暦二午年中、四谷塩町一丁目北側西角より二軒目、表京間四間五尺一寸五分裏行町並の家屋敷買い求め候、然る所其後明和三年の頃、右大住町尾州様市谷御屋敷へ御囲込みに相成り候に付、前書買い求め置き候地面へ引移り地主に相成り、猶《なお》味噌商売仕る(後略)

取得したのは「宝暦二午年」とあるが、「午」年との記載を採れば、宝暦十二年となり、取得年の矛盾は解消する。どちらにしても、住み始めるのは市谷大住町が尾張家の市谷上屋敷内に取り込まれる明和三年(一七六六)頃であるので、住居として利用していた時期は重ならない。

「宝暦の災難」

享保一九年(一七三四)に生まれた長珍の嫡男庄三郎知真は、一八、九歳で家業を委ねられる。宝暦四年(一七五四)、二一歳で青梅柳屋三世小林四郎兵衛の娘**つね**を妻に迎えると、家業を継ぎ四世当主となる。
つねも竹姫御守殿に奉公しており、**とよ**と奉公時期は重ならないものの、縁組はその縁によるかと思えたが、「永久田家務本傳」には四谷塩町裏丁三田屋長兵衛の仲介とある。また、つねが誰の伝手《つて》で奉公に上がったかも不確かである。この縁組を契機に、山田屋と柳屋は相手方から妻・婿・養子を取るなどして、重ね重ねに姻戚関係を結ぶことになる。

知真が当主であった時期の、山田屋の商売についての記載は「永久田家務本傳」にはない。しかし、「宝暦の災難」の記事から、武家屋敷より不要となった道具類を買い取り、修復などをして売り捌いていたことがわかる。

〈現代語訳〉宝暦十年秋、麴町五丁目の万屋《よろずや》小兵衛は男女の召仕いを十人ほど抱える者で、同じ商売仲間である。その手代に茂助という者がおり、常に取引をしていた。その茂助が来て、さるお屋敷より払い下げ物が出た、重箱などの類で様々な蒔絵の品を持って来て、買い置くよう言う（中略）。金二十両余の値段で買ってはどうかというので、その通りに払おうと答えると、すぐにその屋敷へ代金を納めなくてはいけないというので、代金を渡して買い取ってもらった。さらにその後も茂助から同じ屋敷からの払い物の話があり、それも四〇両で買い取った。しかし、この取引にはいくつかの問題があった。まず茂助が主《あるじ》の万屋小兵衛を通しておらず、山田屋から受け取った代金を買い取り先に渡さず、出奔して音羽町の遊所で豪遊にふけっていたのである。

知真からすれば詐欺被害にあったようなものであるが、知真は茂助の共犯とみなされ、捕縛され入牢させられた。この事件は宝暦十一年（一七六一）四月に落着して、茂助は死罪、知真は江戸払い（追放）の上、財産没収となった。

知真が当主であったのは宝暦四年から一〇年までのわずか六年間である。

五世喜雅による再興

山田屋は知真の弟が後を継ぎ、五世庄左衛門喜雅《よしまさ》と名乗りを替える。後継ぎではなかった喜雅には諸方から養子縁組の話があったが、本人がそれを望まず、宝暦八年(一七五八)二〇歳の時、同じ四谷塩町一丁目内に別に家を求め(別家して)、同じ道具商売の店を出していた。「宝暦の災難」後、両親は喜雅の家に移り住む。喜雅を養子に出していなかったことが幸いした。

喜雅が別家したのは四谷塩町一丁目南側西角(図11のB)の区画内で、地主は甲州の豪農市川家、家守は甲州屋(中島)七兵衛で、時期は不明だがこの区画内には八家が住んでいた。山田屋黒田家は一区画すべてを所有する地主から、約八分の一の面積の地借に転落したことになる。

喜雅は古い器や蒔絵の目利きで、嘉兵衛・新六という奇特な使用人にも恵まれていた。嘉兵衛は御守殿御用の春慶塗《しゅんけいぬり》をして品々を繕い、夜遅くまで働き主家を支えた。この時の御守殿は、島津家の芝屋敷内にあった竹姫の御守殿である。

また、喜雅は御殿への商売だけでなく店売りもしていたことが、「御殿方御用達候を第一として、見世商売を精出し候」という一文よりわかる。嘉兵衛ら職人は狭くなった山田屋の敷地内というよりは、四谷塩町の別の区画の裏店などに住み、作業をしていたのではないだろうか。

しかし、入牢中の知真の牢見舞いなどで物入りが多く、また不正の品を所持していても快くないとして、六〇両の代金は山田屋の損として計上し、品々は出所へ返した。これにより同業者である万屋小兵衛への対応も済んだわけだが、使用人である茂助の不始末は主である小兵衛の落度ではないか、と後に徳雅は悔しがっている。

財政的にも信用面でも窮地に陥った山田屋を支えたのは、喜雅の母**とよ**である。**とよ**は竹姫御守殿に上がり、奉公していた時の馴染みを訪ね、諸道具の御用を聞いて回り、次第に御次御用を請けるようになる。さらに**とよ**は後に老女となる戸川を頼り、一橋家の御用も得ることができた。この時の**とよ**活躍の詳細は第三章に譲りたい。

こうして、喜雅の時代には竹姫御守殿御用に始まり、一橋家さらに江戸城大奥の御用も請けるようになり、山田屋繁栄の基盤が整えられた。

喜雅の結婚と山田屋の繁栄

喜雅は明和二年(一七六五)二七歳で初めて妻を娶る。妻**かう**は同じ四谷地区の荒木横町に住まう植木屋の娘で、紀州徳川家の奥向に奉公した経験があった。仲人の記載はないが、おそらくは地縁による関係であろう。

明和三年七月三日には三世長珍が七二歳で死去し、西念寺に葬られた。

明和五年に喜雅の嫡子庄蔵(勝五郎)が生まれるが、**かう**は産後の肥立ちが悪く亡くなる。その後**かう**の妹で、同じく紀州家の奥に奉公していた**まさ**に暇を取らせ、再婚する。しかし、**まさ**に「不義密通」があり、安永四年（一七七五）離縁に及ぶ。

安永八年、喜雅四一歳の時、難波町の柳屋高野七郎左衛門の娘**みの**を娶る。難波町は日本橋の北側に位置し、三井越後屋が店を構えた駿河町や大伝馬町に近い、いわゆる商人の町である。この時、延享元年（一七四四）生まれの**みの**は三六歳で、熟年同士の結婚といえる。岡崎屋八世六郎兵衛は仲人として、長年に渡り尾張徳川家に奉公していた**みの**を、喜雅に娶《めあ》わせた。

このように喜雅の妻は三人とも奥奉公経験者で、これは意図的な選択といえる。

喜雅の息子、武士となる

天明二年（一七八二）十一月、喜雅の嫡男庄蔵（勝五郎）は一五歳となり、元服の祝宴が盛大に行われ、喜雅宅に逗留していた兄の息子である徳雅（このときは留吉と名乗っていた）も参加した。

喜雅は庄蔵に家督を継がせるべく、寛政元年（一七八九）に内藤新宿の名主飯田家より**ちえ**を庄蔵の妻に迎える。寛政三年十二月、二人の間に生まれた女子は**ため**（後に**くめ**と名乗る）と名付けられる。この頃は庄蔵も家業に励んでいた。

ところが、寛政五年十月二十七日、妻**ちえ**を亡くしたころから、庄蔵は酒におぼれ、家業を怠るようになる。幼少のころから手習いの友に御家人の子が多かった庄蔵は、剣術や柔術など武術を好み、武士として身を立てたいと考えだす。

町人が武士になる方法としては、たとえば御家人株を買うことなどがあった。抱入《かかえいり》（一代抱）の与力・同心・手代などに欠員が生じたとき、その代わりとして採用されることを番代《ばんがわ》りといい、通常はその当人の子弟または親類のうちから選ばれる場合が多い。後にこの権利が売買されることとなる。これを御家人株の売買という。

そのころ、喜雅はすでに商売の大半を庄蔵に任せていたが、庄蔵は商売の事は面倒くさがり精を出さず、身持ちが悪く身上《しんしょう》(財産)を減らしていた。当初は庄蔵の態度に腹を立てていた喜雅だが、強いて跡を継がせれば家を滅ぼすだろうし、元々は兄が継いだ家なのだからその血筋に返すのが良いと考え、甥の徳雅に奉公先の伊勢屋から暇を取らせ、養子として継がせることを決意する。

踏ん切りがつくと、喜雅は庄蔵のため、御家人株取得に積極的に動く。株取得だけでなく衣類代にも金がかかるため、徳雅も金子《きんす》のかき集めに躍起になる。また、山田屋が管理を任されていた花町と局の拝領地面を、書入《かきいれ》(担保)にさせてもらい、金子を借用する。

まず、庄蔵を、山田屋と知り合いで四谷伊賀町に住まう金谷龍仙(紀州藩主徳川治宝《はるとみ》の医師)の三男という形で養子にしてもらう。その上で、病身で勤めができない与力《よりき》笹倉文左衛門に「養育金」を渡すことで、番代りを願い、許される。笹倉氏に渡した養育金は六七〇両で、その他にも種々物入りがあり、総額で約七一〇両かかった。さらに、市谷近江屋へ四五両もの呉服代を支払った、と徳雅は「永久田家務本傳」に記す。

寛政九年、庄蔵は「加藤玄蕃頭《げんばのかみ》様御組与力笹倉文左衛門蕃代」として召し抱えられ、黒田勝五郎忠成(忠也)と改名、与力となって、目白新御弓町組屋敷に居住するようになる。

江戸時代は父子関係が厳格であったと思われがちだが、息子のわがままを聞き、大金をはたいて希望を叶えてやる父親もいたことは、興味深い。

様々な身上り

江戸時代は身分社会ではあるが、百姓・町人など非武家階層から身上《みあが》りをして、武士となる者もいた。才能ある村役人を武士身分に引き上げるということも行われ、川崎宿の名主で町奉行大岡忠相《ただすけ》に見いだされた田中丘隅《きゅうぐ》や、村名主から幕府領の代官となった川崎平右衛門定孝などもそうした例に当たる。

比較的安易に金銭で売買されたのが、「八王子千人同心」の株である。八王子千人同心は八王子周辺に土着していた江戸幕府直属の郷士《ごうし》集団で、甲斐武田氏旧臣を中心に構成され治安維持に当たった。日光火の番が公務の中心となるが、平時は農耕にも従事していた。八王子千人同心の株は、安いものは一〇両ほど、高くても一〇〇両くらいで売買されている。それと比較すると勝五郎の場合はかなり高い金額となっている。

一方、女性の場合は、百姓・町人の娘であっても奥女中としての奉公を経験すると、武士と結婚することが可能となり、その例も散見される。青梅下師岡《しももろおか》村の名主吉野家の娘**みち**は、朝鮮人参の栽培に功労のあった田村藍水《らんすい》の子孫・田村元長《げんちょう》と結婚している。本書の登場人物の中では、勝五郎の後妻**みよ**の妹**てや**が大名である田沼家の用人堀部家へ嫁している。これも一種の身上りの例といえる。

2 徳雅の前半生と山田早苗としての顔

青梅の柳屋小林家

青梅は、内藤新宿の追分で甲州街道から分かれ、甲府を終点とする青梅街道の青梅宿を中心に発展した。江戸初期には青梅の成木《なりき》村で採れる石灰が江戸城築城に使われるなど、江戸との結びつきが強い土地柄である。主要な産物で、絹と綿を織り交ぜた縞織物である青梅縞《おうめじま》は、江戸城大奥でも部屋方女中たちに重宝された。

さて、徳雅の母と妻の実家である柳屋小林家は、越後屋小林家の分家にあたる。小林氏の祖先は武田氏の旧臣で、主家没落後に青梅へ移り住んだ小林内蔵助《くらのすけ》を元祖とする。代々村の年寄《としより》(村方三役の一つで名主を補佐する)を務め、農業を生業とするかたわらで、青梅産の織物を駿河町の三井越後屋に納めていたことや、奉公をしていたことから、屋号を越後屋と称し、十郎左衛門を当主の通称とした。三井越後屋は生産地からの商品直仕入れのため、仕入れの拠点に「買宿《かいやど》」を置き、買宿に仕入れの資金を貸し、注文を送って仕入れをさせ、それを直接越後屋に送らせ、手数料を払うという商法を展開していた。このような買宿を在方商人と呼び、越後屋小林家もその一つだった。

本家四世の次男文左衛門が、大柳《おおやな》(現・青梅市大柳町)の地に分家して興したのが柳屋である。大柳という地名から柳屋と称した。分家の初世小林文左衛門は元禄十三年(一七〇〇)に没し、元祖小林内蔵

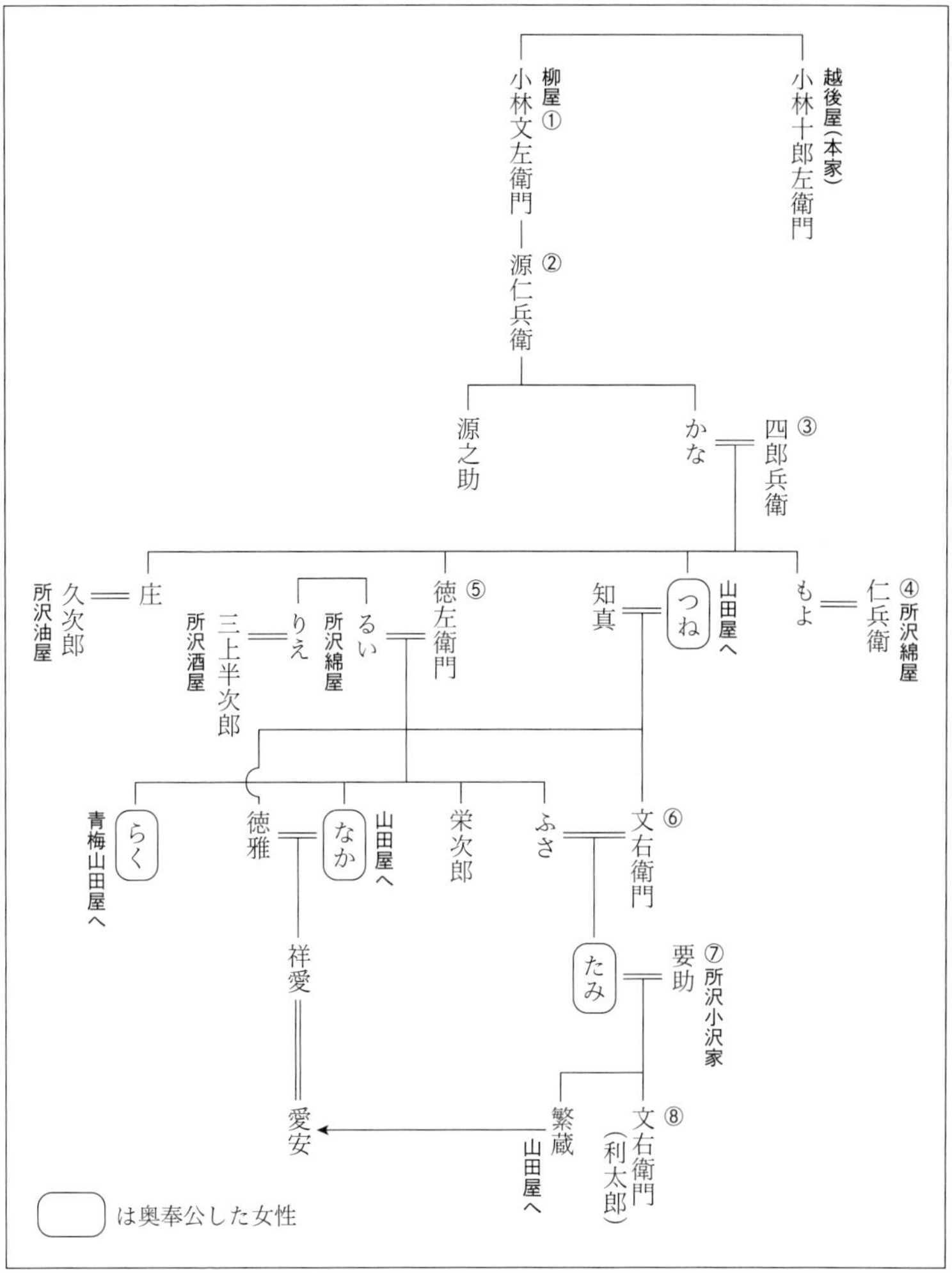
越後屋(本家)
小林十郎左衛門
柳屋 ①
小林文左衛門
② 源仁兵衛
③ 四郎兵衛
かな
源之助
④ 所沢綿屋
仁兵衛
もよ
山田屋へ
つね
知真
⑤ 徳左衛門
るい
所沢綿屋
りえ
三上半次郎
所沢酒屋
庄
久次郎
所沢油屋
⑥ 文右衛門
ふさ
栄次郎
山田屋へ
なか
徳雅
らく
青梅山田屋へ
⑦ 所沢小沢家
要助
たみ
祥愛
⑧ 文右衛門(利太郎)
繁蔵
山田屋へ
愛安
は奥奉公した女性

系図2　柳屋小林家

助が埋葬された天寧寺《てんねいじ》に葬られ、ここを小林家の菩提寺とした。その後、青梅街道沿いの森下町（現・青梅市森下町）に居を移すが、その時期は明白ではない。

二世源仁兵衛は、娘**かな**に大柳に隣接する天ケ瀬から四郎兵衛を婿に取り、三世を継がせる。**かな**と四郎兵衛の間には、成長した子供が一男三女あって、長女**もよ**が所沢の綿屋より婿仁兵衛を迎え、いったん四世を継ぐ。元文三年（一七三八）に生まれた次女は**つね**と名付けられ、黒田知真に嫁ぐ。徳雅の母である。その後成長した男子は徳左衛門を名乗り柳屋五世を相続して、所沢の綿屋半兵衛の妹**るい**を娶る。**るい**は**もよ**の婿仁兵衛の姪に当たる。**るい**の妹に所沢の酒屋三上家に嫁いだ**りえ**がいる。この女性は後に重要な役割を果たす。三女庄は所沢の油屋久次郎に嫁す。このように、**かな**と四郎兵衛の子供たちは、**つね**以外は所沢の商家と縁組をしており、後に徳雅の姪である**たみ**も所沢から婿を迎える。江戸時代、所沢も織物が盛んであり、所沢と青梅は地縁があったといえる。

四世**もよ**（徳雅は**もよ**を四世と記している）・五世徳左衛門の頃、柳屋は最も繁昌しており、本家の縁で駿河町越後屋に青梅産の織物（青梅縞）を卸すかたわら、米・麦・大豆・小豆・塩・味噌・醬油・灯油・蠟燭《ろうそく》・鬢付油《びんつけ》・小間物・糸針・太物《ふともの》（綿織物と麻織物）も扱っており、質屋や農業も行っていた。また、**つね**が夫知真の「江戸払い」により青梅に戻ってからは、その伝手で竹姫御守殿などとも呉服物の取引を始める。

徳左衛門と**るい**の間には二男三女があったが、男子は家業を継ぐほどには成長しなかった。長女**ふさ**（幼名**きく**）は後に徳雅の兄文右衛門（幼名孫次郎）を婿に取り柳屋を継ぎ、次女**なか**は徳雅の妻となり、三女**らく**(後の**せや**)は青梅山田屋に養子に入る。そのあたりの詳細は追々述べていきたい。

徳雅、青梅に生まれる

宝暦十一年(一七六一)四月、約一年の獄中生活を終えた山田屋四世・黒田知真は妻**つね**とともに青梅に移り、妻の実家に間借りする。柳屋は**もよ**の夫仁兵衛の代で、**つね**の母**かな**も健在で、皆が知真夫妻に親切にしてくれた。やがて、知真は森下町の空き家を一〇両で買い古着絹布商売を始め、通称も庄三郎から十次郎に改名し、古着を扱う青梅山田屋を興す。

しかし、獄中で財が尽きたため元手金が乏しく、うまくいかなかったので、妻**つね**は竹姫御守殿に仕える知人に頼み、呉服物の御用を得て、それに精を出した。**つね**が自分の手づるのみを頼りにしたのか、姑**とよ**の後押しも得たかは定かでない。しかし、江戸・青梅両山田屋の再建に、竹姫御守殿に仕えた奥女中たちが大きく寄与したことは確かである。

青梅に移った知真と**つね**との間には、まず宝暦十二年に長女**ます**が誕生する。翌十三年三月に仁兵衛が亡くなり、柳屋は徳左衛門に代替わりするが、姉**もよ**は変わらず家を支える。明和二年(一七六五)に清次郎(早世)、明和四年に団八、明和七年十二月には孫次郎(後の文右衛門)と続けて男子が生まれる。明和九年には小林家の東隣の土地と畑を譲り受けて、溝畑《みぞばた》(森下町の一地域)の地に家を建てて引き移る。

そして、知真の四男として安永二年(一七七三)五月十五日、徳雅《のりまさ》がこの青梅溝畑で生まれ、留吉と

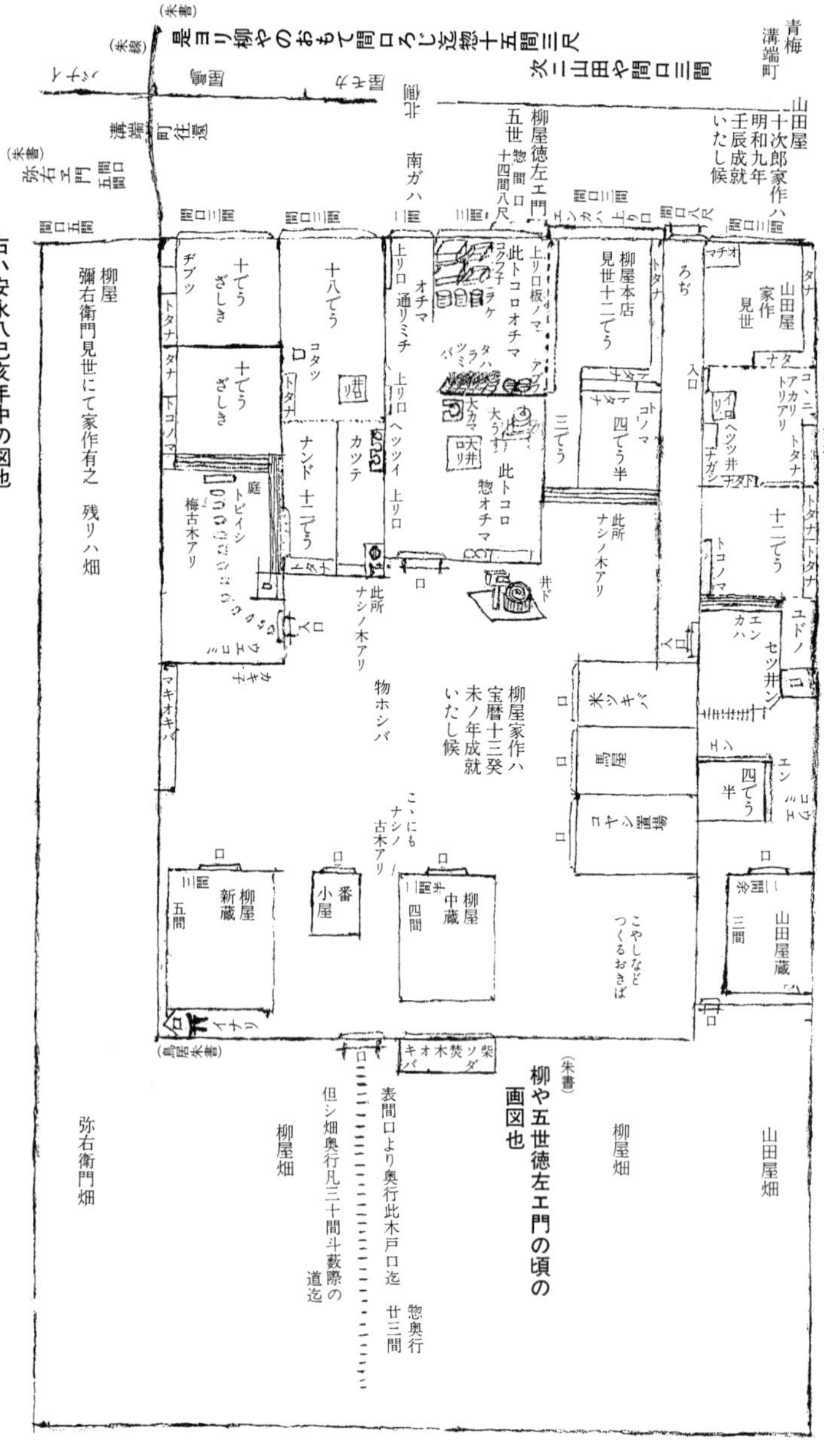

図12　安永8年の柳屋・青梅山田屋間取り図(青梅市郷土博物館『青梅宿——町の生活・文芸・祭礼』より転載．一部文字を修正した)

名付けられる。知真が興した青梅山田屋は、やがて長女の**ます**が婿を取って継ぐことになる。

父と過ごした少年期

安永四年（一七七五）、三歳となった留吉は疱瘡《ほうそう》を患い、母**つね**は熱心に看病をしてくれたが、その**つね**が病気に罹り死去してしまう。母の姉**もよ**は、幼い留吉に添い寝をするなど世話をしてくれた。留吉が生まれた一年後の安永三年、柳屋徳左衛門と**るい**に男子栄次郎が誕生する。叔母**るい**は乳が多く出たので、母のいない留吉にも飲ませて養育した。栄次郎とは幼なじみとしてよく一緒に遊んだが、脚気が原因で一〇歳で死去してしまう。徳雅は後に、七歳の時に母方の祖母**かな**と天寧寺に墓参に行った思い出を語るが、その**かな**は安永八年十一月に亡くなる。

安永八年、知真は江戸に出向き老母**とよ**を連れて青梅に帰った。あわせて、喜雅妻**みの**の母**いそ**も家が類焼し仮屋住まいだったので青梅に呼ぶ。**とよ**のために隠居所をつくり、永く住んでもらおりとした。

しかし、翌九年三月頃**とよ**は留吉を連れて江戸に戻った。留吉にとっては初めての江戸であるが、それは知真が西国巡礼の旅に出るためで、留吉の兄孫次郎は柳屋に預けられた。春に旅に出た知真は六月に江戸に戻り、四谷の喜雅の家を訪れる。同じ安永九年に喜雅も伊勢参宮の旅に出るが、大坂で疫病に罹り三〇日ほど逗留し、妻**みの**は心配する。

その後、「永久田家務本傳」の記述は知真の剃髪の話に移る。母**とよ**も弟の喜雅も剃髪には賛成でなかったが、知真は独断で事を運んでしまい、周囲の者にとっては寝耳に水であった。記載箇所によりその時期に違いがあるが、天明元年(一七八一)頃に知真は発心して天寧寺にて剃髪し、鉄真と改名する。その直後、鉄真は留吉を連れて青梅に帰るとの記載もあるが、留吉は天明三年までは青梅に帰らず江戸にいたと捉えた方が、その後の話と辻褄が合う。

叔父喜雅の家に逗留していた留吉は、祖母の勧めもあり手習《てなら》いに通う。その師匠は、四谷箪笥町に出稽古所を出していた横田小源太という御家人で、留吉は岡崎屋清次郎(後、九世六郎兵衛)とともに学ぶ。

江戸に滞在していたこの時に、留吉は当時流行していた狂歌に触れ、興味を持った。唐衣橘洲《からごろもきっしゅう》・四《よ》方赤良《ものあから》(大田南畝《なんぽ》)・朱楽菅江《あけらかんこう》など狂歌師の名前を書き連ね覚えたり、天明三年に出版された「狂歌知《きょうかしっ》足振《たかぶり》」を書き写したりしている。天明元年九歳の冬には「雪ふれば隠居のやねもさむそらに　白きふとんを着たりとぞみん」と狂歌を読み、叔母**みの**に面白がられている。

天明二年正月、兄孫次郎が、大伝馬町三丁目松屋善五郎に奉公するため、江戸に出てくる。松屋に入る前に二晩、叔父喜雅の家に泊まり、兄弟は久々に対面し、留吉は懐かしさで胸がいっぱいになる。

同じく天明二年、柳屋徳左衛門の娘**ふさ**が奉公を望み江戸に出てきて、喜雅のもとに逗留する。翌三年春、江戸に出てきた鉄真は、**ふさ**と留吉を連れて深川八幡の開帳や上野の花見に出かける。**ふさ**の奉公先がうまく見つからなかったので、鉄真は**ふさ**と留吉を馬に乗せ、自分も馬に乗って青梅に帰った。ふさは一年ほど奉公先を探していたことになるが、何が原因で上手くいかなかったのか、奉公先としてどこを当たったのかはわからない。あるいは、天明三年四月に柳屋唯一の男子栄次郎が亡くなったことで、惣領娘《そうりょうむすめ》となったふさを呼び戻したのかもしれない。

青梅に戻った留吉は、父が読経するかたわらで手習いをし、夜は古文や詩歌を教わった。その頃の父鉄真は「歯はのこらず落ちてとても老いて見えた」という有様だった。また、留吉はふさと江戸見物をしたときの父の様子を次のように記している。

父上は杖を前に突きいて、たたずもながめられし様を、つくづくと見候て、年の程よりは老い給えり。かかる様子にては長寿《ながいき》はおぼつかなくと心のうちに悲しく

五〇歳になる前から杖を突いており、年齢より老けた様を寂しく見ている。覇気のない父と二人きりの生活は、少年には気詰りだっただろう。

天明四年八月六日、留吉は一二歳で、日本橋本町三丁目の薬種問屋伊勢屋吉兵衛に奉公するため再び江戸に出て、冨(留《とみ》)次郎と改名する。

奉公は冨次郎の希望であったが、一方で、今江戸に出れば父とは一生の別れになると予感はあった。そしてそれは現実となってしまった。天明七年五月七日、父鉄真死去、まだ五四歳であった。この年、冨次郎は元服して、通称を治助と改め、徳雅《のりまさ》という実名をいただく。江戸時代は、元服するまでは幼名や通称名のみであるが、元服の儀式と共に諱《いみな》といわれる実名を授けられる。

徳雅、なかと出会う

寛政三年(一七九一)五月、一九歳となった徳雅は、四谷辺に用事があったので、叔父喜雅の家を訪ねる。その夜、悪寒がして体調不良となり、いったん主家の伊勢屋にもどるが、脚気《かっけ》と診断され叔父の家に下げられる。脚気はビタミンB1の欠乏により起こる病気だが、当時は、四〇歳以上になると快復は難しいとされ、若ければ治療をすれば治るといわれていた。この時、後に勝五郎の養父となってくれる医師の金谷龍仙に往診してもらう。次第に体調も良くなり、十二月に生まれた勝五郎の娘**ため**(くめ)をあやしたりする。

寛政四年に入っても徳雅はまだ叔父の家で保養中であった。七月、麻布より出火した火災で、三番町の旗本市橋家の屋敷も類焼する。その屋敷に奉公していた柳屋徳左衛門の娘**なか**も焼け出され、小《こ》日向《ひなた》金剛寺へ避難した。後に妻となる**なか**を、徳雅は金剛寺に見舞う。

その後、**なか**は「風疾」を患い、奉公の時の宿請人《やどうけにん》である神田小柳町政右衛門のもとに下がるが、そこでは思うように養生ができず、喜雅が引き取る。**なか**の市橋家への奉公には、山田屋は絡んでおらず、所沢の酒屋三上家が小柳町の政右衛門を宿と頼み奉公に出していた。全快した**なか**は、また奉公したいと願ったので、**みの**が世話をして、上﨟花町の部屋方として江戸城大奥へ上げた。花町については前章で紹介した通りである。

十一月、徳雅の兄孫次郎は叔父柳屋徳左衛門の娘**ふさ**(**なか**の姉)と結婚し、柳屋へ婿養子に入ることが決まり、江戸を出立した。徳雅は新宿まで兄を見送った。その直後、脚気が全快した徳雅は主家伊勢屋に帰参する。孫次郎は柳屋文右衛門と改名し、寛政五年五月徳左衛門死去により、柳屋六世を相続する。

新宿・四谷の狂歌界

明和六年（一七六九）、四谷忍原横町《おしはらよこちょう》（現・新宿区須賀町）の唐衣橘洲（田安《たやす》家家臣）宅において、江戸時代最初の狂歌会が催され、大田南畝（幕臣・御徒《おかち》）、平《へ》秩東作《づつとうさく》（内藤新宿で煙草屋を営む）、大根《おおね》太木《ふとき》（飯田町中坂下で辻番請負業）、飛塵馬《とびちりば》蹄《てい》（田安家家臣）、大屋裏住《おおやのうらずみ》（金吹町の大屋）の五人が集った。三人が武士、三人が町人という、身分にこだわらないメンバー構成である。この後、狂歌会は武士と町人の交流の場ともなる。それまで、狂歌は読み捨てられるものであったが、この狂歌会を機に狂歌本が刊行されるようになり、やがて現在の新宿区域を中心に萌芽した狂歌は、天明期（一七八一―八八）に一大ムーブメントを引き起こす。

御三卿《ごさんきょう》田安家の下屋敷は現在の四谷四丁目にあり、その名残りとして屋敷内にあった田安鎮護稲荷神社が今も祀られている。そのため周辺に家臣の屋敷があったのだろう。唐衣橘洲の本名は小島源之助という。橘洲は評者をおいた狂歌合《きょうかあわせ》でも良い成績を上げ、正統派で品の良い狂歌を読んだ。

平秩東作こと稲毛屋金右衛門（立松懐之《かねゆき》）は、内藤新宿の馬宿《うまやど》（宿場などで馬を用意するところ）に生まれ、自ら煙草屋を開業した。平賀源内とも親しく、大田南畝の処女作「寝惚《ねぼけ》先生文集」の序文を源内に依頼している。商人としての手腕にも長け、田沼意次に近づき事業を起こし、蝦夷地《えぞち》探索にも従事した。

大田南畝は名を覃《ふかし》、通称を直次郎という。蜀山人《しょくさんじん》は晩年の号で、四方赤良など多くの別号を持つ。大田氏は幕府の御徒(下級武士)の家柄で、南畝は牛込《うしごめ》の御徒組屋敷内で生まれた。牛込御徒町は現在の新宿区南町・中町・北町に当たる。南畝は誕生から五六歳までこの牛込御徒町に住んだ。一五歳で内山賀《うちやまが》邸《てい》に入門し国学・漢学を学ぶ。内山賀邸は牛込加賀町に住んだ幕臣で、近隣の子供に国学などを教えるかたわら、狂歌の手ほどきもした。門下には唐衣橘洲・平秩東作もおり、そこで牛込二十騎町に住む御先手与力《おさきてよりき》の朱楽菅江《あけらかんこう》にも出会っている。

南畝は狂歌界の巨頭として数多くの狂歌本を出版しただけではなく、「一話一言」などの随筆や、洒落《しゃれ》本《ぼん》「甲駅新話」を執筆するなどマルチな才能に溢れていた。さらに幕臣としても寛政六年(一七九四)、幕府の人材登用試験である学問吟味で、御目見《おめみえ》以下の首席で合格し、二年後には支配勘定《しはいかんじょう》を命じられる。

安永八年(一七七九)、南畝は五夜連続の観月の宴を主催し、会場となった高田馬場の信濃屋には総勢七〇人もが集まった。狂歌師だけでなく詩人や俳人、絵師など様々な文化人が集ったという。南畝は出版を通じ、版元蔦屋重三郎《つたやじゅうさぶろう》や著名な浮世絵師喜多川歌麿《きたがわうたまろ》・葛飾北斎《かつしかほくさい》とも知り合い、彼らと共同制作をする。やがて、豪華な狂歌絵本が誕生することになる。

狂歌師たちはそれぞれ「連《れん》」とか「側《がわ》」というグループを構成するようになる。大田南畝を中心とした山手連、唐衣橘洲の四谷連、朱楽菅江の朱楽連、石川雅望の五側《ごがわ》などが著名な狂歌グループである。

石川雅望と五側のメンバー

石川雅望《まさもち》(宿屋飯盛《やどやのめしもり》・六樹園《ろくじゅえん》)は宝暦三年(一七五三)十二月、小伝馬町三丁目で旅宿業を営む糠屋七兵衛の息子として誕生する。父は浮世絵師としても著名で、石川豊信《とよのぶ》という名で活躍していた。雅望は天明二年頃に大田南畝に入門して、天明期には狂歌四天王と評されるほどになった。

しかし、雅望は寛政三年(一七九一)十月、南町奉行池田筑後守長恵《ながよし》より、家財没収の上、江戸払いという判決を受け、小伝馬町から成子《なるこ》村(現・新宿区北新宿)に移り住み、代々継承してきた旅宿業も廃してしまった。その罪過の内容は、地方より訴え事があり滞在していた訴訟人の訴状に、訴訟人が言わないことまで書き添えたというものである。このことから家業が公事宿《くじやど》であったことがわかる。雅望は「不問物語《とわずがたり》」と題して身の潔白を綴っている。その「不問物語」を徳雅(以下この節では山田早苗と記載する)は「永久田家務本傳」の一一五段に載せている。早苗は師の無念を父親の悲劇と重ね合わせていたのかもしれない。

さる沈身の事は寛政三亥年にて宝暦の酉年までさかのぼりて数うれば、三十九の御歳にあたり給いき。徳雅が十九の歳にあたれり。黒田忠也(忠成)勝五郎の妻ちえの縁によりてしたしくて、師と頼み侍《はべ》りき。

寛政三年、雅望「沈身」の時、早苗は一九歳で雅望とは二〇歳差であった。この年、早苗は脚気を患い、叔父喜雅の四谷の家で療養していた。従兄黒田勝五郎の妻**ちえ**は、新宿の名主飯田忠右衛門の

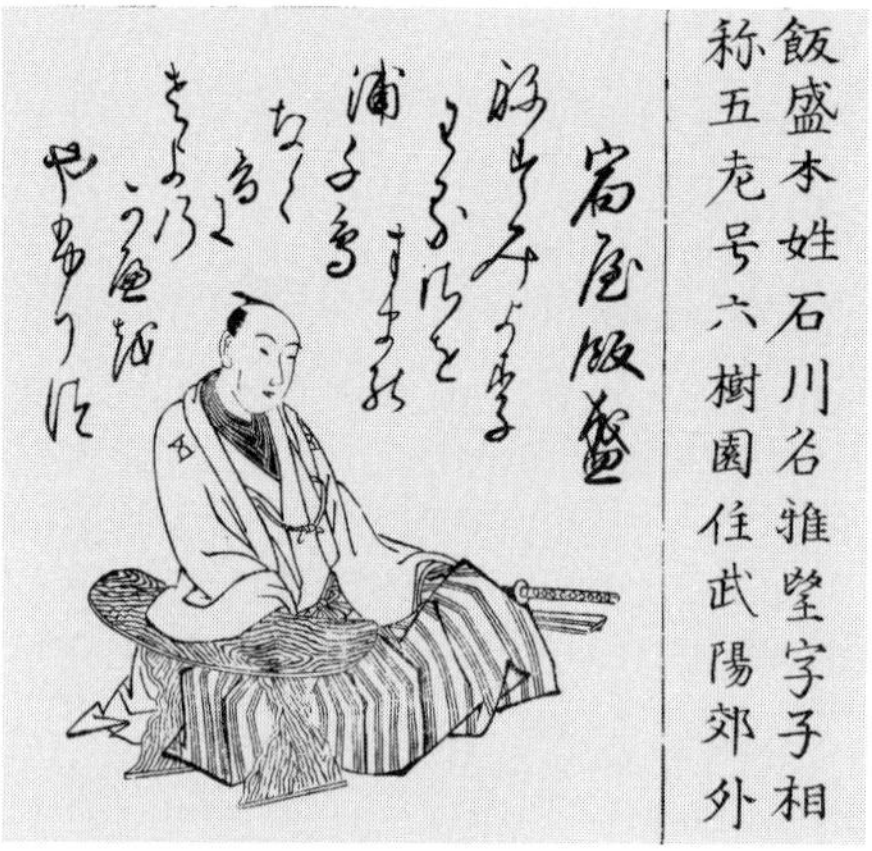
飯盛本姓石川名雅望字子相
称五老号六樹園住武陽郊外
宿屋飯盛

図13　宿屋飯盛(石川雅望)肖像(「狂歌画像作者部類」より，国文学研究資料館蔵)

娘で、家督を継いだ弟兵蔵の妻が、石川雅望の娘**さち**、という関係である。

勝五郎と**ちえ**の結婚が寛政元年、石川雅望が失意のうちに成子村に移り住んだのが寛政三年、**さち**が兵蔵に嫁したのは享和元年(一八〇一)の頃とある。従って、早苗が石川雅望に師事したのもこの頃であろうか。

成子村に隠居していた雅望は、娘**さち**の嫁ぎ先である内藤新宿に居を移して、文化五年(一八〇八)に五側を結成する。山田早苗も五側の一員として、この頃は判者も務めるようになっている。文化八年刊「狂歌評判記」では、雅望からもっとも高く評価されている。「はじめに」でも紹介した「狂歌画像作者部類」は五側の作者名鑑で、主なメンバーには肖像画が付されている(図13及び二頁図1)。

五側のメンバーには、千代徳若《ちよのとくわか》という狂歌名で知られる三河屋の五代目、大西徳左衛門もいる。三河屋は内藤新宿の商家で酒・太物・荒物・紙墨類などを手広く商い、徳左衛門の次女**むめ**は、一三歳の時(文化十四年)、津和野藩亀井隠岐守矩賢《のりかた》へ奉公に上がっている。

早苗が住まう四谷塩町一丁目と道路を挟んだ西側は市谷七軒町と呼ばれる町人地で、そこには代々質屋を営む鍋屋が住んでいた。鍋屋善五郎は早苗の友で、狂歌名を質亭文斗《しちていぶんと》といい、石川雅望撰の「文化新撰狂歌百人一首」(文化六年刊)に肖像画が掲載されているので、五側のメンバーといえる。早苗より八歳年上の文斗は、一六歳で亡くなった早苗の兄団八の遊び友達で、よく兄のことを話しくれた。また武士となった従兄勝五郎とも狂歌を読み合っていた。文斗は狂歌を朱楽菅江に学び、後に五側の判者になっている。

このように早苗は狂歌を通じ様々な人と交流があり、その人脈が商売にも活かされたのではないだろうか。

後に狂歌師として父の雅望を支えることになる石川清澄《きよすみ》は、幼いころに紙類を渡世とする中村屋に養子に入り、清三郎と名乗っていた。中村屋はもともと四谷伝馬一丁目で苅豆《かりまめ》を扱う商売をしており、尾張家へ苅豆や馬の沓《くつわ》などをおさめる御用達で、尾張家より三人扶持を貰っていた。これらのことは「永久田家務本傳」の記述で初めて明らかになったことであり、同記録は石川雅望研究にも寄与しているのである〔牧野、二〇〇四〕。

文政十三年(一八三〇)閏三月二十四日、雅望は七八歳で没し、その墓は現在東京都台東区の榧寺《かやでら》境内にある。

狂歌師・山田早苗

徳雅は狂歌師として活動する時や本を執筆する時は、「山田早苗」あるいは「橘樹園《きつじゅえん》」という名を用いている。まずは狂歌師としての早苗を見ていこう。

石川雅望(宿屋飯盛・六樹園)が関わった狂歌本で、早苗(橘樹園)の名前が見られるものとして、すでに「文化新撰狂歌百人一首」(文化六年刊、肖像画付)「狂歌評判記」(文化八年刊)「狂歌画像作者部類」(同年刊、肖像画付)を紹介した。『江戸狂歌本選集』やウェブ上の画像検索などで山田早苗の名前が確認できたのは、「職人尽狂歌合」(文化五年刊)「堀河次郎百首題狂歌集」(文化六年刊)「万代狂歌集」(文化九年刊)「狂歌波津加蛭子《はつかえびす》」(文化九年刊)、千代徳若の一周忌を記念して刊行された追悼集「花の雲」(文化十四年刊)である。実際はもっと多いはずである。

また、雅望撰でないものとしては、唐衣橘洲七回忌の追善集である「とこよもの」(文化五年)に「からころもかへらぬ昔したひつゝ　はや七とせのおもてうら盆」と歌を寄せている。

早苗は石川雅望を師として敬い、亡くなるまで交流が続いた。毎年正月十三日の「六樹園詠《よ》み初《ぞ》め」に早苗は参加し、金一分を支出している。この詠み初めは雅望が亡くなる文政十三年(一八三〇)の正月まで行われた。文政六年には雅望の古希の祝いを料亭で行い、早苗は祝いの詞を呈している。

文政四年には深川の富岡八幡宮境内で成田不動の開帳があり、雅望とその門弟は「四季混在狂歌の額」を奉納している。この額は現在成田山霊光館に所蔵されている。

早苗自身の狂歌集としては「狂歌百人一首略解」(天保五年十月)「桜花五百首」「みやこの都々連《つづれ》」などが残されている。さらに文政七年刊の「吉原細見《さいけん》」にも関わっている。

山田早苗の紀行文

ところで、旅好きな江戸町人の中でも、特に山田早苗は何度も旅に出ている。江戸時代には五街道も整備され、庶民も気軽に旅に出ることができるようになった。江戸の人たちは一生に一度はお伊勢参りをしたいと願っており、旅は当時の娯楽の中でも大きなウエイトを占めていた。早苗の記録に現れる最初の旅は三三歳の時、文化二年(一八〇五)の富士登山である。翌年には大山から江の島、金沢と、相模《さがみ》国を旅している。

早苗は伊勢太々講《だいだいこう》という伊勢参宮を目的とした積立に参加し、文化十三年・文政十一年と二回、伊勢参宮と上方《かみがた》周遊の旅行をしている。山田屋及び付き合いのある人々は比較的裕福で、多くの人がお伊勢参りを行っている。文化十三年は赤坂新町の紀伊国屋嘉兵衛が旅の道連れで、伊勢参宮の後、岩国(山口県)の錦帯橋《きんたいきょう》まで足を延ばし、山陽道を

表3　山田早苗の著作

元号	年	西暦	早苗作品
文化	9	1812	狂文拾葉集
	13	1816	草枕日記
			草枕日記歌集
文政	2	1819	御嶽まうで
	3	1820	温泉めぐり
			豆相温泉日記・秩父日記
	5	1822	梅桜紀行
			常陸日記
	6	1823	身延紀行
			身延山・日光山紀行
			六阿弥陀紀行
	7	1824	成田紀行
			秩父日記
			草津温泉記
			堀之内詣
	10	1827	たはふれ草
	11	1828	後度草枕日記
	13	1830	東北紀行
天保	5	1835	狂歌百人一首略解
	13	1843	玉川泝源日記
	14	1844	癸卯春紀行・癸卯秋紀行
年不詳			櫻言集覧
			橘樹園雑記

『青梅市史史料集』第52号・57号より作成

京都に戻り、帰りは中山道を通り善光寺《ぜんこうじ》に参詣して、江戸に戻っている。この旅について記した紀行文「草枕日記《くさまくらにっき》」は全二〇巻の大作である。その後、旅に出るたびに紀行文を執筆するようになる(表3参照)。

旅から戻るとすぐにまた太々講に参加し、文政十一年に二度目の旅に出る。この時は、伊勢参宮後は奈良の寺院をめぐり、有馬温泉、城崎《きのさき》温泉に泊まり、天橋立《あまのはしだて》、養老の滝(岐阜県)を見物して戻っている。この時の紀行文を「後度《ごど》草枕日記」と名付けた。

早苗の紀行文のうち、天保十三年(一八四二)に書き上げられた多摩川の水源を探訪した記録『玉川泝《そ》源《げん》日記』は活字化されているが、それ以外はまだ手が付けられていない状態である。しかし、本書は山田早苗の一代記を描くことを目的とはしていないので、ここではこれ以上の説明は割愛したい。

3　山田屋の全盛期から幕末まで

徳雅最初の結婚と死別

さて、話を山田屋の歴史と徳雅の生涯に戻そう。

寛政四年(一七九二)の暮に脚気が全快して主家伊勢屋に戻った黒田徳雅であったが、翌年に主家が類焼、寛政七年には長年仕えた主人伊勢屋吉兵衛が死去したこともあり、叔父喜雅の養子として、江戸山田屋に迎えられる。翌八年二月に家督を相続する。息子勝五郎の件で家業に身が入らなくなっていた喜雅は、早々に徳雅に商売を任せたのだろう。

当主となった徳雅には妻が必要となる。柳屋の**なか**を気に入っていた養母**みの**は、寛政十一年に花町の元を下がり青梅に戻っていた**なか**を、徳雅の妻とすることを決める。翌十二年三月、二人は岡崎屋六郎兵衛の媒酌で婚礼をあげる。

徳雅の祖母**とよ**は至って健康で、酒を好み毎日少しずつ飲むのを楽しみとしていたが、「宝暦の災難」以降は花見や芝居見物などの物見遊山はしないで過ごしていた。寛政十二年(一八〇〇)十月朔日、九三歳で眠るように息を引き取った。親孝行で少しも母に逆らうことのなかった喜雅は、哀惜にたえず、一間に籠り仏事のみの日々を過ごしていたが、そのうち憔悴により体調を崩してしまう。

この時、**なか**は妊娠七カ月であったが、**みの**は出産を経験したことがないので、**なか**に青梅の実家で産むことを勧める。徳雅も**なか**に付き添い、一二歳で故郷を出て以来、一六年ぶりに青梅へ帰った。ゆっくりと逗留したかったが、養父(叔父)が病気であったので慌ただしく帰宅する。

翌年春、享和元年(一八〇一)二月二十六日、母**とよ**の後を追うように喜雅は六三歳で死去する。喜雅は亡くなる前に江戸城の方角に向い、「本丸で道具御用を務め、商売をさせていただいたのは、有り難いことである」と拝んで徳川家への恩を態度で表したという。喜雅の死去により、徳雅は通称を治助から庄左衛門に改める。

なかが青梅で産んだ徳雅の長女**もよ**は、翌享和二年、疱瘡で死去した。さらに享和三年に生まれた長男庄之助はわずか二カ月で、同じく疱瘡で亡くなる。

文化元年（一八〇四）六月、**なか**の母**るい**は、天下祭りと称された日吉《ひえ》山王《さんのう》（現在の日枝神社）の山王祭礼を見物するため、青梅から江戸に出て、徳雅の家に逗留していた。その時、妻**なか**は和三郎（七世祥愛《よしちか》）を産んだ。しかし、産後の肥立ちが悪く七月二日に死去してしまう。実母が付き添えたのがせめてもの慰めであった、と徳雅は記す。養母**みの**が産後の死の穢れを厭ったので、**なか**の衣類は残らず青梅の母**るい**の元へ送られた。

なかの死からわずか四カ月後の十一月、徳雅は小田原町魚問屋の娘**うた**と再婚した。現代の感覚からすると亡くなった妻への愛情が薄いように感じられるが、当時としては珍しいことではなかった。しかし、翌年すぐに離婚する。その理由は不明であるが、生涯三人いた徳雅の妻たちの中で、奉公の経験がなかったのは**うた**のみなので、あるいはそのあたりに理由があるのかもしれない。

四谷から赤坂へ——質屋も兼業

文化三年（一八〇六）徳雅は三四歳で、金沢屋伊兵衛の娘**かよ**と三度目の結婚をする。金沢屋は江戸城の内堀に近く町人地が広がる一帯にある神田永冨町で、諸家へ材木を卸す用達《ようたし》と家作普請《かさくふしん》の請負を生業としていた。**かよ**は尾張徳川家の市谷上屋敷内にある淑姫御《ひでひめご》守殿《しゅでん》に奉公していたが、この時はすでに家に戻っていた。取り持った人の記載はないが、徳雅は淑姫御守殿の御次《おつぎ》御用を請けており、知り合いの女中も多い。もしかしたら、その中に奉公中の**かよ**が含まれていたかもしれない。

文化期には、徳雅の身近な人々が次々と鬼籍に入った。妻**なか**に始まり、同四年に従兄の黒田勝五郎、五年に**ねん**(養母みのの姉)、六年二月に**みの**、十年に柏木(くめと**たみ**の世話親)、十五年に戸川(一橋家老女)と続く。

文化六年十二月四日、**かよ**は徳雅の息子を産む。大之助と名付けられ、後に徳次郎一之《かつゆき》と改名する。

文化八年二月十日、市谷谷町から出火し高須藩松平家の上屋敷を焼いた火災で、四谷塩町の山田屋も全焼した。この火災で岡崎屋や菩提寺である西念寺も類焼した。出火を知り急いで駆け付けた妻**かよ**の弟為三郎(後、金沢屋伊兵衛を継ぐ)の働きで、家財を蔵で守り、鑑札は持ち出すことができ、家内の者も無事であった。家作の普請を家業としていた金沢屋は、火事の時の対応にも慣れていたのかもしれない。

これを機に、文化元年に購入していた赤坂裏伝馬町三丁目の土地に、土蔵・家・表長屋・裏長屋三棟を建て、六月十日に引っ越し、道具家業、御殿御用も変わらず務めながら、十月には新たに質物を担保として金銭を貸す質屋業をはじめ、その株仲間に加入する。ちなみに、赤坂裏伝馬町三丁目も四谷塩町一丁目と同じ名主、馬込《まごめ》勘解由《かげゆ》の支配地である。

かよとの離縁

文政年間(一八一八―二九)は徳雅にとっては試練の時であった。詳しくは次章で述べるが、青梅の柳屋は兄文右衛門の不手際で財政が破綻し、一方で青梅山田屋では後継に迎えた婿の早世が続き、両家の立て直しに奮闘する日々が続いた。

文政四年(一八二一)四月、徳雅は四九歳で、一五年連れ添い子供もいた三番目の妻**かよ**と離縁する。離縁後**かよ**は、本丸大奥へ奉公に上がり、**ぬん**という名前で「永久田家務本傳」に記載されるようになる。**ぬん**は女中名と考えられ、その名前から、役職は**ねん**と同じ御茶之間《おちゃのま》と思われる。「永久田家務本傳目録」には、**かよ**が本丸大奥への奉公を希望したので、離縁したとある。既婚者でも家計を助けるなどの理由で奉公に出る者はいるが、**かよ**にその必要はなく、奉公を希望した理由は記されていない。

一方で徳雅は離縁理由として、**かよ**のわがままがつのってきたことを挙げている。徳雅の心情を安易に推し量ることはできないが、第三章で詳しく見る養母**みの**のように、いっそうわがままで手に負えなくなることを危惧したのかもしれない。

双方の親戚が集まり相談して決めたとあるが、**かよ**はこの離縁に納得していたわけではなく、徳雅に対しても未練があり、とりわけ残していく息子徳次郎との別れは辛く、「うつ枝にすがりしあまハなでしこも　さすりし手をもおそろしくみつ」と和歌を残している。徳雅は離縁の時の慣習に従い、**かよ**に持参金等を返そうとしたが、**かよ**がそのまま預かっていてくれと言ったので、兄の柳屋文右衛門が間に立って預かることにした。杓子定規で曲がったことが嫌いで頑固な徳雅に対し、いい加減なところもあるが柔軟性があり他者に厳しくない文右衛門は、弟の元妻にも優しく接している。

四月に妻と離別した徳雅は、嫁を取るまで妾を置くことにし、同年十月、世話をする人があって、浅草田町一丁目長兵衛の娘**みち**を抱え置く。しかし、文政六年春、姉**ます**が妾を置くことは子供に良くない、と言うので暇を遣わす。姉には従順な徳雅である。

かよとの離縁後、徳雅は山田屋の奥の差配を姉**ます**に依頼する。このことは、大きな商家にとっては奥を取り仕切る女性の存在が不可欠であったことを物語っている。御用達となるようなクラスの商家では家事労働は使用人が担う。その使用人をいかに上手に差配するかが、妻の裁量となる。徳雅も叔父喜雅も、死別や離別で妻を失った後、一年も経たずに再縁しているのは、奥向の取り締まりのためといえるだろう。

話はそれるが、幕末期に勘定奉行として活躍した川路聖謨《かわじとしあきら》は四度結婚をしている。最初の妻とは死別であるが、二番目の妻は才気のある人で、聖謨が出世するにつれて増える使用人をよく取り仕切り、家計の始末も上手であった。しかし、段々と妻の勢いが増し、家が妻に支配されるようになったことを危惧して、離縁したと述べている。その失敗から、三番目はおとなしい人を妻とした。しかし、おとなしすぎて使用人の差配ができず、家事が回らなかったため、また離縁する。四度目にやっと理想の女性と巡り合ったという(川田、一九九七)。武家も商家も奥向における妻の役割は本質的には変わらないということであろう。

ところで、天保十年(一八三九)五月十五日、**かよ**は義兄の文右衛門、甥の金沢屋為三郎と三人で、日光参詣をした足で鹿島・銚子・香取・神崎・成田不動などをめぐる旅に出ている。このことから、**かよ**はこれ以前に江戸城大奥での奉公を辞めていることがわかる。二〇年程奉公したと「永久田家務本傳目録」にあるが、二〇年には達していないことになる。

天保十一年中頃まで、**かよ**は繰り返し岡崎屋一〇世長谷川六郎兵衛を通じ徳雅へ詫び入れをし、また実家金沢屋からも和解の申し入れをしてもらった。その甲斐があり、徳雅は**かよ**の山田屋への出入りを許す。大奥より下がった**かよ**は、実子徳次郎の筑波町の家に居り、徳雅宅にもたびたび出入りするようになる。

三人の息子

徳雅には三人の息子がおり、天保期(一八三〇―四三)にはそれぞれ商売に励んでいた。一人は**なか**との間にできた嫡男和三郎祥愛、二人目は**かよ**の息子徳次郎一之、もう一人は婿養子の庄五郎正矩《まさのり》である。

ここで庄五郎正矩について簡単に述べておこう。徳雅の従兄黒田勝五郎は武家となり家を出る際に再婚したこともあり、先妻との娘**くめ**を山田屋へ残していった。そこで**くめ**は祖母に当たる**みの**に養育され成長した。**みの**の死後に徳雅は**くめ**を自分の養女として、本丸大奥へ奉公に出した。文政五年(一八二二)に暇を取り、山田屋へ戻った**くめ**に、麻布今井谷町に住まう紀伊国屋磯田勘右衛門の息子三吉を婿に取った。徳雅は三吉を庄五郎正矩と改名させ、土地を分け分家とした。

今井谷は赤坂氷川《ひかわ》神社の東南に位置し、赤坂から麻布《あざぶ》に抜ける道筋にある小さな町人地で、明治期には赤坂谷町に内包される。大名の中屋敷や小藩の上屋敷に囲まれた地域である。庄五郎の実家は今井谷で代々刀剣の誂《あつら》えを生業とし、諸方の武家屋敷に出入りし、御用達となっていた。庄五郎の母は、掛川藩太田家の医師舟橋賢隆の娘である。つまり名家より婿を取ったことになる。

文政九年(一八二六)、徳雅の嫡男和三郎は、赤坂裏伝馬町三丁目の古着屋である柏屋五兵衛の仲立ちにより、深川入舟町遠州屋五郎右衛門の娘**やす**と結婚する。**やす**は松平隠岐守(伊予松山藩主松平定通、妻は田安斉匡《なりまさ》娘鑅姫)の奥へ奉公に上がり、一、二年勤めた経験がある。

文政十一年、徳雅は伊勢参宮より帰ると、分家の庄五郎・**くめ**夫妻に道具家業、江戸城本丸・西丸はじめ御殿方出入りの権利を残らず譲った。自分の跡取である和三郎には、質屋家業の方を残したことになる。つまり、叔父喜雅から譲られた道具御用達を、叔父の血筋である**くめ**に戻したと捉えられ、徳雅の律義な性格が窺われる。

従ってこれ以降、大奥との結びつきは山田屋本家にとっては必須のものではなくなり、「永久出家務本傳」の御殿との交流についての記載も少なくなる。若い頃の自分のように御用獲得に粉骨砕身する姪の**たみ**をバックアップすることに、徳雅は生きがいを感じていたのかもしれない。

もう一人、**かよ**との間の息子徳次郎を、徳雅は**かよ**と離縁をした文政四年の十月に、駿河町の三井越後屋の向店《むこうだな》(綿や木綿など大衆衣料を扱う店)へ奉公に出した。柳屋が本家との縁で越後屋に商品を卸していることから、越後屋への奉公は文右衛門が仲介をしてくれた。

天保二年(一八三一)五月三十日、徳次郎は「親元相続(親の商売を継ぐ)」という理由で、三井越後屋から首尾よく暇を取ることができた。その際「絹布取次商売は一切しない」という一札を入れている。主家と同じ商売をしないというのは、山田屋が商売を興した時と同様である。

天保三年、徳雅は徳次郎のために、西久保門前町(増上寺裏側の門前町)の相田屋半左衛門が所有していた辻番株《つじばんかぶ》を所得する。辻番とは江戸市中の辻々に大名旗本が自衛のために設けた番所のことで、徳次郎は日向高鍋《ひゅうがたかなべ》藩秋月家の広尾・麻布笄橋《こうがいばし》、豊後杵築《ぶんごきつき》藩松平家の麻布六本木、菰野《こもの》藩土方《ひじかた》家の虎御門外四カ所の辻番を請負い、家業とする。つまり、「親元相続」は暇のために取り繕った口実にすぎなかったことがわかる。このように、もともとは大名家が行っていた辻番での警備を、やがて町人が請け負うようになり、寛政五年(一七九三)には辻番請負人組合(株仲間)が成立している。

さて、徳次郎は向店を下がった天保二年五月から同八年十月までは徳雅宅に同居し、その後、京橋の南に広がる町人地である筑波町に家を求め引っ越す。ところが天保十四年、筑波町の家が焼失し、またしばらく徳雅の家に同居する。やがて分家庄五郎が一ツ木町に引っ越しをするにあたり、元々住んでいた赤坂表伝馬町一丁目の住居と土蔵を徳次郎に譲った。この間に徳次郎は**みつ**と結婚し、弘化二年(一八四五)に娘**とみ**が生まれている。

後継者を失う

長生きすれば身近な人を見送らなくてはならないのは因果なことである。徳雅の場合も天保年間(一八三〇—四三)には、姉・兄・元妻の三人が鬼籍に入った。

天保六年、姉**ます**が死去する。青梅山田屋は**ます**が婿を取って継いだが、二人の間に成長した子供はなく、柳屋から**なか**の妹**らく**を養子として、庄兵衛を婿に迎える。**かつ**という娘が生まれるが、庄兵衛が早くに亡くなる。**かつ**の成長を待ち婿を取るが、問題があって、離縁する。**ます**の死去から三年後の天保九年、改めて秩父郡大和の兵助という者を**かつ**の婿に迎えた。兵助は青梅山田屋を継ぐにあたり兵三郎と改名する。

一時戸を閉ざしていた青梅山田屋も再開することができたが、**かつ**と兵三郎は青梅には住まず江戸で商売をしている。四月に婚礼を挙げた二人は、十二月に日本橋の北側に位置する本町二丁目の住居に移り住む。本町は江戸の町割りが最初に行われた場所で、商業の中心地である。三丁目には薬種問屋が集中しており、徳雅が奉公した伊勢屋も同所にあった。

天保十一年正月二十一日、徳雅の兄文右衛門は七一歳で病死し、青梅天寧寺《てんねいじ》に埋葬される。この年徳雅は庄左衛門から庄作と改名して隠居し、和三郎が七世庄左衛門祥愛となり家督を相続する。同十四年二月七日元妻**かよ**も病死する。兼ねてからの**かよ**の願いにより、徳雅は**かよ**を黒田家の菩提寺である西念寺に埋葬して墓碑を建てた。

さらに弘化・嘉永期、徳雅は後継ぎに先立たれることになる。弘化三年（一八四六）七世庄左衛門祥愛の養子に、姪**たみ**の次男繁蔵を迎え、庄次郎愛安《ちかやす》と改名させる。愛安の妻に、京橋竹町上総屋若（「長」との記載も有）右衛門の娘**いし**を娶る。ところが弘化四年四月、七世祥愛が死去し、八世となった愛安も翌嘉永元年（一八四八）八月二十七日に二四歳の若さで死去してしまう。

嘉永元年は山田屋にとって不幸が重なる。九月二十八日には庄五郎の嫡男三吉、十月十七日には庄五郎正矩、翌日には一歳になった徳次郎の娘と、立て続けに近親者が亡くなる。死因の記載はなく、

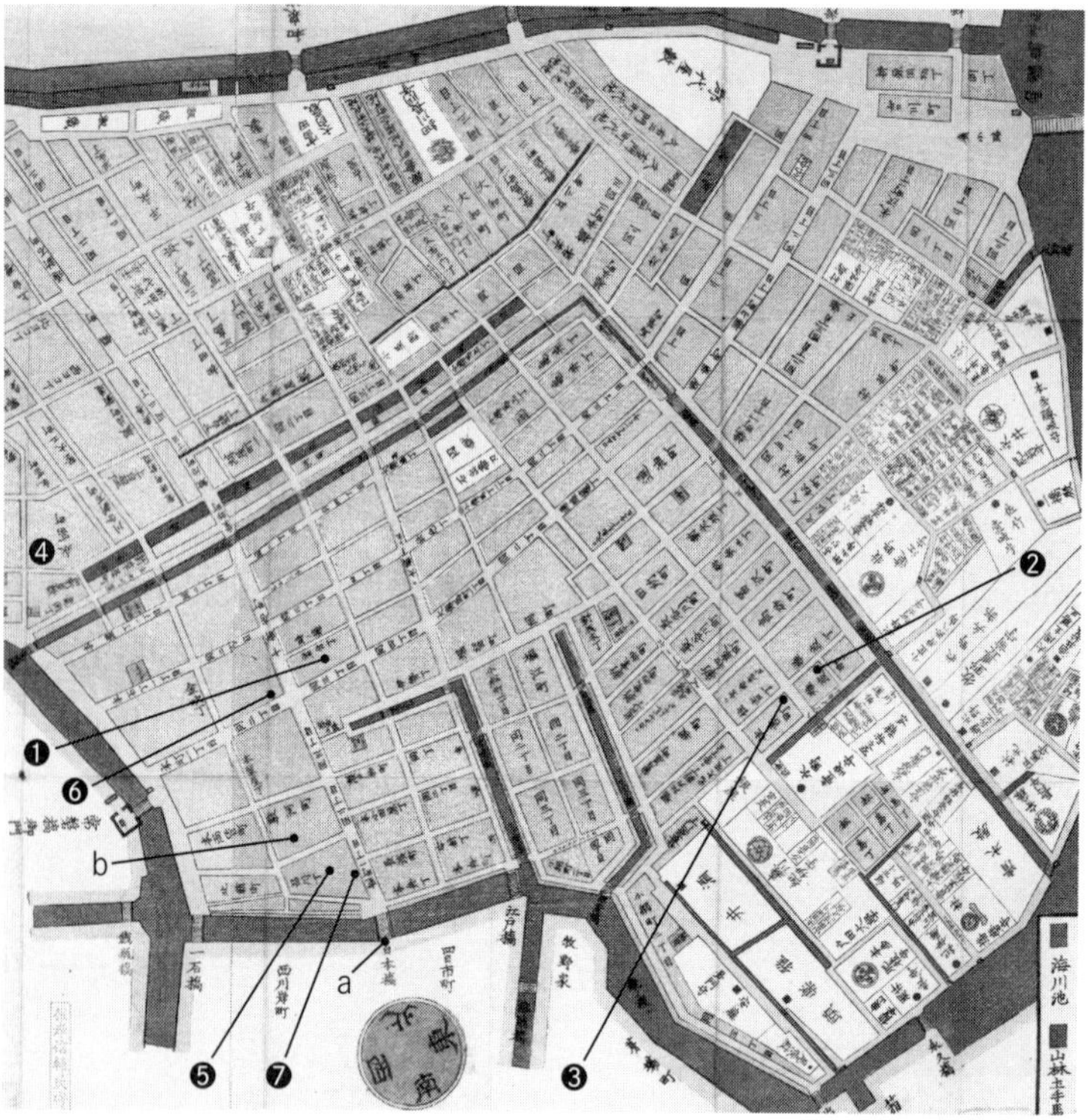

図 14　日本橋周辺の山田屋に関係する場所(「神田浜町 日本橋北之図」国立国会図書館蔵)

❶ 本町三丁目　徳雅の奉公先 伊勢屋　❷ 難波町　みのの実家 柳屋
❸ 住吉町　みよの実家　❹ 永冨町　かよの実家 金沢屋
❺ 品川丁　たみの江戸の住まい　❻ 本町二丁目　兵三郎・かつの住まい
❼ 室町一丁目　利太郎の奉公先 島屋
a 日本橋　b 駿河町三井越後屋

この年流行病があったとの記録もない。庄五郎の三男もそれ以前に亡くなっていることから、道具類の商売は庄五郎の次男徳三郎が受け継いだ。

さらに同じ嘉永元年、赤坂表伝馬町よりの出火で、徳雅と徳次郎の家が焼失する。徳雅は住居を再建するに当たり、住居の奥の空き地に徳次郎の家もあわせて建てた。七六歳という老齢に及び後継ぎを失った寂しさからか、自分の家と地続きの場所に実子徳次郎の家を建て、孫の顔を眺めながら晩年を過ごしたのだろうか。

愛安の跡、山田屋九世は青梅山田屋の兵三郎・**かつ**夫妻が継ぐことになるが、二人が赤坂の家で徳雅と同居した様子はない。ところで、徳雅は何故、実子である徳次郎に山田屋本家を譲らなかったのだろうか。ここからは筆者の推測に過ぎないが、徳雅は商売の繁昌や継続に、女性の力を重要視しており、**かつ**の能力を高く評価したからではないだろうか。

図15　山田早苗(黒田徳雅)の墓(西念寺，筆者撮影)

徳雅の死と菩提寺西念寺

安政二年(一八五五)十月、江戸を大地震が襲った。この時、徳雅はすでに病の床にあったのか、この重大な出来事に関する記載は「永久田家務本傳」にはない。従って、山田屋の被災状況も不明である。その年の十二月九日、徳雅は

図 16　かよの墓（西念寺．筆者撮影）

八三歳で死去し、橘樹園耕誉山田早苗居士と諡《おくりな》され、四谷西念寺に葬られた。

専称山安養院西念寺は浄土宗の寺院で、開基は服部半蔵正成《はっとりはんぞうまさなり》、開山は専誉念無上人で、文禄三年（一五九四）に開かれた。松平信康（徳川家康嫡男）の供養のために服部正成が開創したという。

正成は、伊賀忍者として知られる初代服部半蔵保長の子として、天文十一年（一五四二）に生まれ、槍の名手として徳川家康に仕えた。家康の嫡男として生まれた信康の扶育に携わった正成は、信康切腹の際に介錯《かいしゃく》を命じられたが、その役目を果たすことができなかった。家康と共に江戸に入府した正成は、信康供養のため出家し、西念と号し、麹町清水谷に庵《いおり》を設けた。その後、寛永十一年（一六三四）江戸城外曲輪《そとくるわ》拡張に伴い、四谷に移転した。

山田屋黒田家と四谷西念寺との関係は、初世信成が西念寺を菩提寺に定めたことに始まる。それ以来、徳雅の父知真（鉄真）を除く八世までの歴代の当主とその妻、幼くして亡くなった子女、ゆかりの深い使用人らが、西念寺に埋葬されてきた。黒田家では埋葬者の回忌法要を欠かさず行っている。

現在、黒田家本家の墓石は三基あり、左の墓石正面には二世古由、三世長珍・同妻**とよ**、四世知真・同妻**つね**、左右には古由と長珍の父母の戒名と没年が刻まれている。以下同様に、中央の墓石には六世徳雅・同妻なか、七世祥愛・同妻やす、八世愛安が、右の墓石正面には初世信成、五世喜雅・同妻かう・同後妻みの、左右には信成の父母の戒名が刻まれている。信成の父母、古由と長珍の父母、知真とつねは埋葬されていないが、回忌法要が西念寺で営まれていることから、記されたのだろう。また、徳雅は両親の戒名の院号を西念寺からもらっている。

文政二年(一八一九)は徳雅の父知真(鉄真)の三十三回忌に当たり、徳雅は命日の一カ月前に青梅の天寧寺で法事を執行し、祥月命日の五月七日には西念寺で法事を執行した。その際に、西念寺本堂の前庭に鉄真の和歌を刻んだ歌碑を建てた。歌碑の前面には石川雅望の追悼文を、背面には徳雅が記した父母の来歴を刻んだ。徳雅の両親を西念寺に埋葬したかったという強い思いが伝わってくる。母つねの五十回忌を西念寺で行った際、徳雅は「川光院(つね)五十回忌墓は天寧寺にあり。西念寺へ正当い候故供養す。法事は去年天寧寺にて取りこし相つとめ候」(傍点筆者)と記している。西念寺に埋葬するのが正当、つまり本来の姿であるので、母の五十回忌は西念寺で行い、天寧寺では一年早く法要を行ったというものである。

西念寺に埋葬されたいと熱望したかよの墓は、徳雅の墓から少し離れたところにある。息子徳次郎一之とその子孫たちに囲まれて、静かに眠っている。

西念寺への支援

西念寺にとって山田屋は経済的なバックボーンとして、重要な旦那(現在の檀家)であった。回忌費用を確認すると、みのの十三回忌では法事(布施・塔婆《とうば》料)金一分二朱、待夜《たいや》(逮夜法要のことで、施主が集まった人に食事をふるまう)金二朱、その他二朱六〇〇文、とよ三十三回忌では法事金三〇〇疋、霊具代金二朱、待夜金一〇〇疋二〇〇文、その他九〇〇文、喜雅の三十三回忌では法事金一両、待夜金一分、その他金一分二〇〇文と、一様ではないが、年代が下がるほど供養する故人が増えるため、頻繁に法事があり、支出も増える。

さらに、徳雅は新住職を迎える「入院」の際には祝金を、隠居に際しても金銭を贈っている。また、寺への貸付も行っており、大工の賃料を貸付けている記録も残っている。

西念寺は記録で確認できただけでも江戸時代に三度焼失している。享保六年(一七二一)二月九日には境内が残らず焼け、文化八年(一八一一)二月十一日は山田屋も焼けた四谷界隈の大火事で残らず焼けた。嘉永四年(一八五一)四月二十六日には西念寺本堂よりの自火で位牌堂《いはいどう》や庫裏《くり》を焼く。享保六年は初世信成が埋葬される(享保八年十月死去)以前で、山田屋と西念寺との結びつきはまだない。

文化八年火災については前にも述べたが、市谷からの出火で徳雅の住居があった四谷塩町をはじめ、麴町、伝馬町、左門横丁、西念寺横丁などから、麻布・赤羽橋付近まで広く焼けた。徳雅にとってはまず自分の家の再建、商売の継続が急務であった。

天保三年(一八三二)九月、西念寺は徳雅に対し、本堂再建のため金三〇両を寄進してくれた御礼と、以後黒田家先祖代々の菩提を弔い毎日回向《えこう》するとの証文を出している。

去る文化八未年二月中類焼これある所、此度《このたび》本堂再建に付、金三拾両御寄進成し下され金子たし

かに収納仕り候

右の文より、二〇年間本堂がない状態であったことがわかる。しかし、それは珍しいことではなく、享保の改革以降、幕府は寺社の再建・修復に当たっては幕府からの援助に頼らず、自助努力をすることを奨励しており、多くの寺院で再建に時間を要していた。

徳雅は一度に三〇両寄進したのではなく、天保二年三月の釿始《ちょうなはじめ》(着工時)に一〇両、棟上《むねあげ》に一〇両、完成して一〇両と、三度に分けて奉納している。

本堂の再建と本尊阿弥陀如来の遷座は無事行われたが、造営費用には不足が生じており、その調達に苦慮していた。西念寺からの再依頼に対し徳雅は、天保十年に一〇両を六年間掛けて積み立て、整えることを約束した。

本堂再建に関して徳雅は興味深いことを記している。「義道和尚(西念寺住職)の時文化の初め、本堂再建の時は徳雅金十両寄進、母より仏餉袋《ぶっしょうぶくろ》米数百袋ご本丸を勧化《かんげ》し給いて奉納し給えりし」とある。正確な意味は取りかねるが、文化年間の初めにも本堂再建の話があり、徳雅は一〇両を寄進したようだ。母、つまり養母みのであろうが、仏餉袋を持って本丸に上がり勧進《かんじん》して廻り、奉納したととれる。

大奥と関係のある寺院では、直接奥女中にすがり大奥からの寄進を求めたり、寺社奉行への取持ちを依頼したりするが、西念寺にはその伝手はなかったと思われる。そこで、みのが一肌脱いだのではないだろうか。第三章で述べるが、将軍養女竹姫が信仰したことから、大奥にも西念寺を心の支えとする人がいたかもしれない。

嘉永四年の火災後の再建については、徳雅はすでに老齢でもあり動いていない。山田屋としては、嘉永七年から始まった西念寺再建の無尽講《むじんこう》に参加し、安政六年(一八五九)まで約二カ月に一度、一両を掛けている。

幕末の山田屋

青梅山田屋四世兵三郎が山田屋九世となったことで、「宝暦の災難」で二つに分かれた山田屋は一つに戻った。徳雅の死去により名実ともに山田屋の主となった兵三郎は、本家の家業である質屋業も受け継いだと考えられる。その上、青梅山田屋として行っていた呉服業や、**かつ**が**たみ**を補佐していた呉服類の御殿への御次御用も継続していたことは、**かつ**が記した「萬覚帳《よろずおぼえちょう》」(本書第三章5節参照)などからも確認できた。

徳雅死後の山田屋の商売や人々の動向を知ることができる史料は少ないが、その一つに「永久田家務本傳」とともに青梅黒田家に伝えられた「奥帳」がある。この帳面には安政三年(一八五六)正月から慶応二年(一八六六)までの事柄が収められている(記載内容には嘉永期の事柄もある)。「奥帳」は江戸山田屋の帳面で記載者は不明だが、一つの可能性として兵三郎が考えられる。「仏事方」の項目の中に「早苗居士四十九日法要」の記載があることから、徳雅が亡くなったことにより新たに作られた帳面といえる。

最初に貸金の控えと入金の控えがある。質屋家業というのは質物を取って金を貸す商売であるので、金銭の貸し付けとそれが返金されている入金が記載されていると考えられる。

貸し先は粉屋半兵衛・川越屋重兵衛ら商人に加え、菩提寺である西念寺、奥女中の袖沢・**さよ**・琴の名前が見られ、いずれも「御本丸」と記載されている。袖沢は一三代将軍家定付御客応答《おきゃくあしらい》で、家定死去により剃髪して法妙院と名を改めた。琴は篤姫（家定御台、天璋院）付中﨟で、**さよ**も同人付御次《おつぎ》である。袖沢と**さよ**の宿元《やどもと》は同じ竹川善兵衛（小石川茗荷谷十二軒屋敷）であり、二人は叔母・姪の関係に当たる。**さよ**には二五両貸しており「右利足おかつ方請取申候」とある。

粉屋に関しては半兵衛だけでなく「粉屋おたみ」にも貸している。二分（一両の半分）というかなりの金額を**たみ**個人に貸しており、そのことはとりもなおさず、女性である**たみ**に返済能力があったことを示している。

入金控えには山田屋徳次郎・山田屋**みつ**の名前がある。徳次郎の実子が亡くなった後、九平（久兵衛）という人物が、徳次郎家を継いだ。**みつ**は西念寺過去帳に黒田九平養母とあり、西念寺の徳次郎家の墓石では、徳次郎と**かよ**に挟まれて戒名が彫られている。

次に「おかつ預り金」という項目がある。これは**かつ**が商売で得た利益と考えられ、嘉永四年（一八五一）十二月に六〇両というまとまった金額を預かっていることから、それ以前は**かつ**自身が管理していたのだろう。これ以降、数カ月ごとに「奥帳」記載者が預かるようになり、袖沢からの利息の記載もある。

「無尽掛金控え」の項目もあって、西丸成瀬（嘉永四年二月）と本丸袖沢（安政二年二月から文久三年九月）が、催主（取次）となった無尽の記載がある。無尽とは催主が参加者を募り人数を集め、参加者が一定の掛け金をし、期日に抽選し所定の金額を順次参加者に配分する仕組みである。奥女中は大概、仲間内での無尽に参加しており、奉公を辞めるときなどに無尽金を受け取っている。

成瀬は家定付御客応答格で、嘉永四年の時点では家定は世子であるので西丸にいたことになる。山田屋が奥女中主催の無尽に参画しているのは興味深く、幕末期まで江戸城大奥と結びつきがあったことがわかる。「奥帳」には前項でも述べたように西念寺再建のための無尽掛金に関する記載もある。

維新期の黒田家をめぐる謎

文久二年（一八六二）五月五日、兵三郎・**かつ**夫妻に後継ぎ庄助が生まれるとあるが、文化四年（一八〇七）生まれの**かつ**の年齢を考慮するとこれは少し不可解である。しかし、庄助は昭和まで生きたので、その生年・経歴は間違いないと思われ、「かつ　赤坂裏伝馬町　黒田庄助母也」と書かれたものが黒田家に残されている。このことから、兵三郎・**かつ**夫妻は、徳雅の死後、本町から赤坂裏伝馬町へ転居したものと推察できる。**かつ**は元治元年（一八六四）七月二十五日に死去する。生年から計算すると**かつ**の享年は五八歳となる。「奥帳」では八月に葬式費用として二四両二分三朱を計上している。その後も百カ日法要、翌慶応元年の一周忌の法要を西念寺で行っている。

慶応四年（明治元年〈一八六八〉）、幕府瓦解による維新期の混乱の中、兵三郎義方は店をたたむが、そのまま江戸に留まっていた。しかし、同年十二月十日、原因不明で突然亡くなる。新政府軍が江戸に入った混乱や狼藉により、命を落とした江戸の町人もいたであろうが、その把握や研究はほとんどされていない。また、家の記録も空白で、言い伝えが各家に残されている。黒田家の後継ぎで幼子であった庄助は、荷車の背にちょこんと乗り、柳屋の**たみ**を頼り青梅にやってきたという。荷車には徳雅(山田早苗)が記した記録や紀行文も積まれており、今に伝えられることになった。

兵三郎・**かつ**夫妻は青梅天寧寺に墓石がある。天寧寺は、東京都青梅市根ヶ布《ねかぶ》一丁目にある曹洞宗の寺院で、正式名を梅華林高峯山天寧寺という。永平寺の末寺で、本尊は釈迦如来である。もともとこの地には、平将門創建の真言宗高峯寺があったと伝えられ、それに因む山号になっている。江戸時代には近郷に末寺三七を数える大寺院で、慶安二年(一六四九)幕府より本寺格として寺領二〇石の朱印状を拝領した。

小林家では元祖小林内蔵助が慶長四年(一五九九)に天寧寺に埋葬されて以来、本家越後屋、分家柳屋ともにここを菩提寺とした。天寧寺には徳雅の両親、兵三郎以降の黒田家本家の人々も眠っている。

第三章　躍動する商家の女性たち

現在、ジェンダー平等の意識がかなり浸透し、女性の活躍促進が叫ばれている。江戸時代は現代と比べれば、女性にとって様々な制約があった。しかしそのような中でも、女性たちは自らの能力を活かし活躍できる場を求めた。その中には、妻や母としての役割にとどまらず、家を支え商売を回していくような女性もいたことが、「永久田家務本傳」を通して見えてくる。本章では個々の女性の活動に焦点をあてて見ていきたい。

1　とよ――人脈で家の危機を救う

実家岡崎屋

黒田徳雅《のりまさ》の祖母**とよ**（宝永五〈一七〇八〉―寛政十二〈一八〇〇〉）は、岡崎屋五世長谷川四郎兵衛の娘である。岡崎屋の先祖は、尾張徳川家の初代徳川義直《よしなお》が江戸に入府した時、そのお供をして一緒に江戸に入り、粉物（小麦など雑穀の粉と思われる）を扱う商人として尾張家の御用達となった。岡崎より出たので岡崎屋という屋号であると伝える。

岡崎屋の居住地である安楽寺門前は、安楽寺の東側で西念寺との間の通りに面したところに位置していた。四谷塩町一丁目に居を構える山田屋とは近所であり、山田屋三世長珍《ながよし》と**とよ**との間を取り持った仲人の素性は記されていないが、西念寺が取り持った可能性も排除できない。

岡崎屋は**とよ**の父が跡継ぎのないまま亡くなったので、**とよ**の姪を養女として婿を取ったが、やはり子供ができなかった。そこで、**とよ**の娘**ぎん**が岡崎屋に入り、養子である八世六郎兵衛と結婚し血脈を繋げようとした。**とよ**は心配して、しばしば実家の娘夫妻のもとを訪れている。しかし、二人の間に後継ぎは生まれず、**ぎん**の死後、六郎兵衛と後妻との間にできた子が跡を継ぐ。両家に血縁関係はなくなったが、岡崎屋と山田屋は親しい関係を保ち続けた。

代々尾張徳川家の御用達である岡崎屋と結びついたことは、山田屋にとって大きな意味を持つ。

竹姫と老女岡田

とよが奉公に出られたのは、尾張家御用達としての実家岡崎屋の存在があったからといえる。**とよ**が奉公した場所は、薩摩藩島津家の芝屋敷内にあった御守殿《ごしゅでん》で、その主《あるじ》は竹姫《たけひめ》である。

竹姫は宝永二年（一七〇五）二月、公家の清閑寺《せいかんじ》熙定《ひろさだ》の娘として生まれる。叔母で五代綱吉の側室であった大典侍《おおすけ》（寿光院）の誘いで、宝永五年に江戸へ下向し綱吉の養女となった。その時、二度縁組をするが、二回とも婚礼前に相手が死去し結婚に至らなかった。

竹姫の境遇を憐れんだ八代吉宗は、薩摩藩主島津継豊《つぐとよ》との縁組を模索した。二度も許嫁《いいなずけ》に死なれた竹姫との縁組は不吉として、島津家側が断る姿勢を見せたため、幕府は島津家から要求されたいくつかの条件をのみ、輿入《こしい》れを成立させた。その結果、継豊やその父吉貴《よしたか》は国許《くにもと》での隠居を許可され（原則は江戸居住）、水道水（玉川上水の分水）を上屋敷に引き入れることも許された。さらに島津家は、竹姫との結婚により、芝屋敷に隣接する六八九〇坪を御守殿《ごしゅでん》用地として拝領した。それは本来なら竹姫の死後に幕府へ返却するものであるが、竹姫の願いでその死後も芝屋敷の一部であり続けた。

竹姫は当時としては長生きで、将軍家の女性として江戸城大奥に大きな影響力を及ぼしており、さらに家重・家治期の大奥を牛耳った上﨟《じょうろう》松島やその後継者高岳《たかおか》とも親しくしていた。本書第一章（1節）でも述べたように、御守殿とは将軍姫君の住まいで、そこに仕える女中は徳川将軍家に雇われている。主の権力を反映し、竹姫付の女中たちもそれなりに力を持っていたと考えられる。

岡田は竹姫が島津家に輿入れした時からの御年寄（武家出身の老女）で、竹姫の信任も厚かった。明和六年（一七六九）十月、九四歳で天寿を全うするまで竹姫に仕えた（戒名は長寿院殿廓窓貞然大姉）。「宝暦の災難」で商売が窮地に陥った時、**とよ**はこの岡田に頼み込み、その執り成しにより、**とよ**の息子で山田屋五世喜雅は芝御守殿（竹姫）御用達（「芝松平（島津）薩摩守様御守殿御用達し候事」）となった。その年代ははっきりしないが、宝暦十二、三年頃と考えられ、さらに岡崎屋も**とよ**の執り成しで御用達となった。

図17　西念寺の阿弥陀本尊像（西念寺，筆者撮影）

とよは岡田と懇意で、奉公を辞めた後も岡田の部屋に上がり酒を飲みかわすなど、気に入られていたことがわかる。

ではなぜ、**とよ**は立場の違う岡田と懇意になることができたのだろうか。岡田は**とよ**の奉公中の上司にあたる。奉公中の**とよ**の職制は不明だが、御茶之間の**ねん**が御錠口の梅崎と親しかった例からもかなり職階が隔たっている人とも交流があることがわかる。そうしたことから、奉公中から可愛がられていた可能性もある。また、老女は支配下にあるすべての女中に対して、目を行き届かせていた、ともいえる。

さらに、岡田の宿元である間宮所左衛門の下屋敷が四谷西念寺町にあって、家が近所であったことも、親しくできた要因と推測できる。

西念寺の本尊阿弥陀如来《あみだにょらい》に信心した竹姫が岡田に命じ、本尊に葵紋《あおいもん》がついた戸帳《とばり》（厨子《ずし》内の尊像などの前に掛け簾の役割を果たす）を寄進している。竹姫は阿弥陀如来に対する信心がよほど深かったのか、大奥と関連が深い祐天寺（浄土宗）にも阿弥陀堂を建立し阿弥陀如来像を寄進している。また竹姫は、日蓮宗の法養寺にも、葵紋付戸張・水引《みずひき》（机類の側面四方を囲み覆う）を寄進し、祈祷を依頼しており、とみ・岡田・藤え・つほね連名で法養寺に宛てた書状が残っている。法養寺は四代家綱の御台顕子《あきこ》が帰依したことで、大奥の祈祷所となり、流行神・熊谷稲荷は大奥女中の信仰を集めた。江戸時代は下《した》谷《や》にあったが、明治期に現在の大田区池上《いけがみ》へ移転した。

　寺院の什物《じゅうもつ》のうち、打敷《うちしき》(仏像を安置する須弥壇《しゅみだん》や前机に引く布)・戸張・水引といった荘厳具《しょうごんぐ》は大奥よりの寄進例が多く見られる。

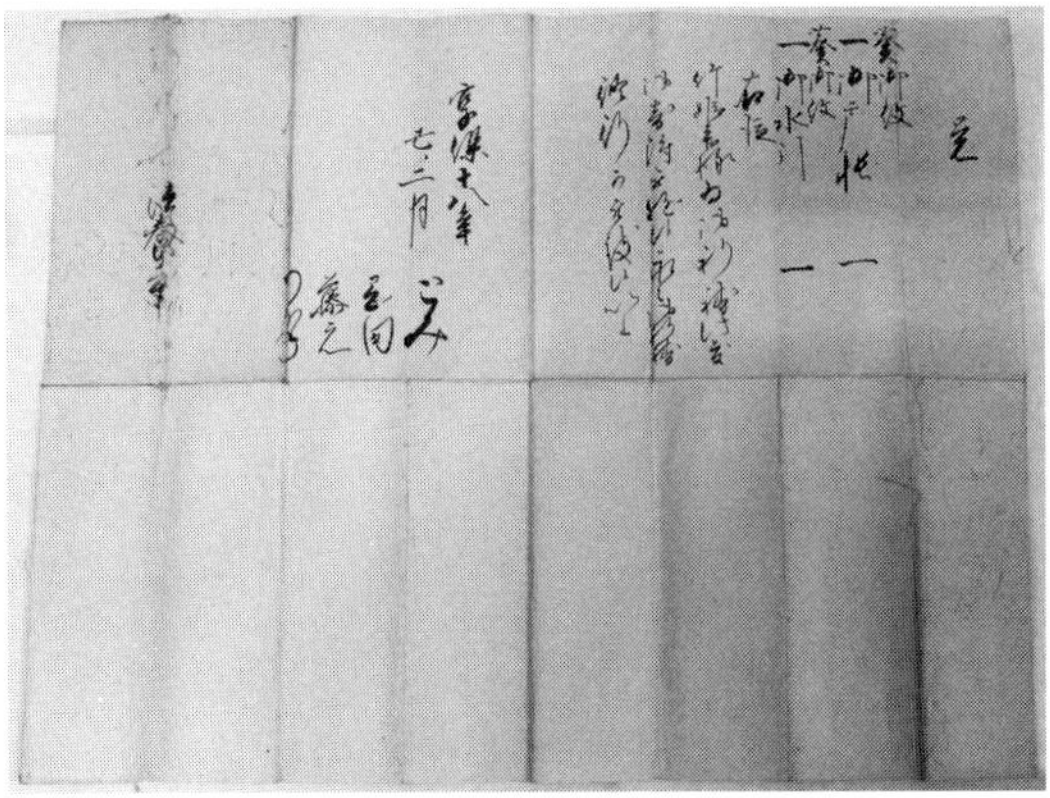

覚
葵御紋
一御戸張　一
葵御紋
一御水引　一
右従
竹姫君様為御祈禱此度
御寄附被遊候、永々御祈禱
修行可被致候、以上
享保十八年
丑ノ二月　とみ
岡田
藤え
つほね
法養寺

図18　竹姫付老女奉文(法養寺蔵)

　明和九年(一七七二)二月の目黒行人坂《ぎょうにんざか》火災で、芝の竹姫御守殿が類焼したため御用が多くなり、山田屋は徐々に立ち直った、と「永久田家務本傳」にある。しかし、この時焼失したのは島津家の桜田上屋敷で、芝屋敷は焼失範囲に入っていない。火元は行人坂近くの大円寺で、一六九の大名屋敷が類焼した。徳雅が生まれる前の出来事で、「永久田家務本傳」には正確さに欠ける記載もある。
安永元年（一七七二）十二月、竹姫（浄岸院）が六八歳で逝去し、芝御守殿御用は終わるはずであった。しかし、剃髪《ていはつ》を許された竹姫付女中より、次のような懇願が島津家を通じて幕府になされた（『鹿児島県史料　旧記雑録　追録』第六、〔畑、二〇〇九〕）。

〈現代語訳〉浄岸院（竹姫）様が召し使われ、この度《たび》剃髪願いを許された者は、別紙にあげた名前のとおりです。これらの者が私の屋敷（芝屋敷）内に一生住まい、御守殿の「御座之間」にある御仏殿を残し、朝夕の回向《えこう》をしたいと頼んでおります。この段を許可いただけるよう願い上げます。

芝屋敷内に一生居住し、竹姫御守殿にあった仏殿を残し、一生回向を手向《たむ》けたいとの願いで、幕府により聞き届けられた。本来は姫君の死去により御守殿は壊され、御付女中はその大名家の屋敷を出ることになるので、これは異例なことであり、竹姫が紡いだ緊密な関係の賜物といえる。

従って寛政期の初め頃まで、竹姫付比丘尼《びくに》称林院（元中﨟頭《ちゅうろうがしら》森江）・林勝院（元中﨟**もせ**）が芝屋敷内の仏殿にいたので、山田屋は彼女らの御次御用を引き続き行っており、徳雅が仏殿の入口まで上がることもあったという。

一橋家老女戸川

とよが頼み込んだ先のもう一つが、一橋家の老女戸川である。**とよ**が一橋御殿にたびたび上がり頼んだことで、一橋家関係の道具類御用も請けることができた。その始まりは家斉が将軍世子として、江戸城西丸に入る前と考えられるが、その時期については、後で考察したい。

とよは幼年期の戸川をよく知っていた、と徳雅は述べる。戸川の実家山縣家の菩提寺は四谷祥山寺であるが、住まいは下谷とあり、家が近所であったわけではない。戸川の父山縣平吉昌房は甲州浪人(武田家の旧臣の流れをくむものが多い)で、後に旗本三枝《さいぐさ》氏に仕えた。嫡男昌福《まさよし》は八歳で一橋治済に召し出され、六九歳まで仕え三〇〇石にまで加増された。おそらくはこの兄昌福の計らいで戸川も一橋家に奉公に出たのだろう。その後、戸川は治済の側室となり男子を出産したが、その子が早世したため、「御側《おそば》系」から「役人系」(第一章1節参照)へ役替となり、老女にまで昇進した。

戸川の父山縣昌房が甲州浪人であったことから、召し抱えられるまでは四谷塩町一丁目に住んでいた可能性も考えられる。再度、延享元年(一七四四)の沽券《こけん》絵図(六三頁図11)を確認してもらいたい。延享期(一七四四―四七)に山田屋が所有していた区画の隣Cの地主は甲州浪人内藤織部《ないとうおりべ》で、五世喜雅《よしまさ》が両親を迎えたBの地主も甲州浪人山下五郎左衛門(後に甲州の豪農市川家が地主となる)である。甲州浪人であった戸川の父昌房が、その縁を頼りこの一画に住んでいたと仮定すれば、幼子であった戸川を、すでに山田屋に嫁していた**とよ**が可愛がっていた可能性もあると推察できる。江戸時代は現代と比較すると、地縁による結びつきが濃密なのである。

さらに、後に大森半七郎時長(一四〇〇石の旗本、長崎奉行を務める。屋敷は四谷門前堀端)の奥方となる戸川の姉は、竹姫御守殿に仕えており、徳雅によれば「祖母**とよ**の馴染」とある。ただし年齢の開きがあるので、同時期に奉公していたとは限らない。

戸川の部屋方局《つぼね》は**ちせ**という名前を踏襲しており、最初の**ちせ**は喜雅が一橋家の御用達となると、女中たちへの取次を世話してくれたと「永久田家務本傳」にある。

最初の**ちせ**は、元芝の町人竹内喜右衛門の娘で、幕臣となっていた喜雅の息子勝五郎を里方として、喜雅が戸川の兄山縣宗右衛門昌福との縁談を整えた。また、喜雅は福岡藩黒田家の奥向に奉公していた戸川の妹と、書院組頭大野又三郎との婚礼も整えた。町人である喜雅が武家の縁組の仲立ちをしていることは、特筆すべきことである。

二代目の局**ちせ**とも山田屋は懇意で、前にも述べたように、やはり御用の取次をしてくれている。戸川は文化十五年(一八一八、文政元年)二月、六四歳で死去した。そうなると生年は宝暦五年(一七五五)となる。**とよ**が御用獲得のため戸川を頼みにすることができるのは、戸川の年齢を考えると早くて安永期(一七七二—八〇)と考察でき、それはおそらく戸川が宝暦元年生まれの一橋治済の側室であった時期に当たる。徳雅が戸川を老女としているのはその後の役職からであろう。よって、一橋御殿の御用は竹姫御守殿の御用よりはかなり後の時期となる。

とよが積極的に動くのは「宝暦の災難」(宝暦十年)以降であり、三世長珍の代には妻としての役割に終始していたといえる。また、長珍は早めに家業を息子の知真に譲っていることから、あまり商売熱心ではなかったと思われる。

そのように考えれば、「宝暦の災難」が**とよ**に活躍する場を与えたともいえる。

２　みの――世話好きの女丈夫

難波町、柳屋三姉妹

きわ・**みの**（幼名**しつ**）・**ねん**（幼名**べん**）の三姉妹の父は難波町（詳しい場所は六九頁）で木綿・綿類と商う柳屋七郎左衛門（姓高野氏）、母は家付き娘の**いそ**である。長女**きわ**は善兵衛を婿に取り難波町柳屋を継いだ。

次女**みの**（延享元〈一七四四〉―文化六〈一八〇九〉）は、生まれた時に産声を上げなかったので、死産と思われ放って置かれたが、死んでいなかったので「死なず」ということで、**しつ**と名付けたと伝えられる。一二、三歳の頃は男子に交じって遊び、負けず嫌いの気性であった。

一七、八歳のころ尾張家の奥に奉公に上がったとあるので、奉公していたのは宝暦期から明和期にかけてのことで、その時の尾張家藩主は徳川宗睦《むねちか》である。恐らくは藩主付であったと思われる。「年来勤《つとめ》中もこざかしくて出世これあり」と少し皮肉を込め徳雅が**みの**を評していることから、女中として出世し、重要な役職に就いたものと思われる。

安永八年（一七七九）、**みの**は三六歳で、喜雅の三番目の妻として山田屋に迎えられる。仲人の労を取った尾張家御用達である岡崎屋も、**みの**の女中としての評価を耳にし、山田屋にとって役に立つと計算したのだろう。実際、喜雅の妻となってからも「弁舌世才の賢きゆえ、御殿方にて用いられ給う」とあり、その性格や才能が山田屋の御用拡大の手助けとなったことを、徳雅も伝えている。

三女の**ねん**は、**みの**より五歳年下である。**ねん**という名は女中名と考えられ、本丸大奥で御台寔子《みだいただこ》付御茶之間《おちゃのま》として生涯奉公した。

このように、柳屋三姉妹は三者三様で、まったく別々の人生を歩んだ。

京都への旅

みのは、第一章(四七頁)でも触れたように、家斉御台寔子の筆頭上臈であった花町の依頼を受けて、京都に赴いている。

みのは旅行記を書いたようだが、現存しない。**みの**の紀行文を徳雅が抜粋して「永久田家務本傳」に載せたことが、「その旅路の紀行を見せ給うを、省略して左に述べたり」、という一文よりわかる。

寛政三年(一七九一)、**みの**は花町から内々に依頼され、翌年に京都へ行って、花町の母清涼院を訪ねることを請け負った。しかし、翌四年二月十日、**みの**の母**いそ**が死去した。そのため、**みの**は服忌《ぶっき》に入り、本来なら旅に行くことははばかられたが、清涼院の老齢を鑑み、祓《はら》いをして出かけることに夫の喜雅も賛同した。花町についてはすでに紹介したので、詳細は省略するが、実家が京都の公家倉《くら》橋《はし》家であることはここで思い出しておきたい。

旅の道連れは、**みの**の姉で婿を取って実家の難波町柳屋を継いでいた**きわ**、松島町紀伊国屋吉郎兵衛妹**ゆり**で、他に付き添いの男性がいた。花町の内用を兼ねての上京ということで、関所手形は大奥より発給された。

四月十四日に江戸を出立した三人は、随所で大奥発給の手形の威力に助けられ、東海道を通り、五月十一日無事に京三条伊勢屋に到着する。翌日御所へ文を認《したた》め、昼より四条で芝居見物。十三日からは京都の寺社見物を精力的に開始する。

十五日には倉橋家に上がり花町の生母清涼院に面会し、有栖川宮《ありすがわのみや》家も訪問する。十八日にはお近づきになった御所の方々に連れられ京の町の夜店を見物する。二十日には喜雅の父三世長珍《ながよし》が生まれた桔梗屋を訪ね、先祖の位牌に手を合わせ、雨の中桔梗屋の墓所である鞍馬口の喜雲院も参詣している。

その後、舟で大坂に行き四天王寺や大坂城などを見学、大坂から奈良に入り唐招提寺・東大寺などを見物、そこから宇治へ北上し万福寺に参詣、京都に戻り嵯峨野、仁和寺を巡り六月三日に三条伊勢屋に戻る。

この記述に感想として付け加えられた徳雅の愚痴に同情を禁じ得ない。みのの旅から二四年後の文化十三年（一八一六）、徳雅が上方を旅行した時には、鞍馬寺も四天王寺もすでに焼けた後で見ることができなかったと徳雅は残念がっている。

四日には「御所に上がる」とある。敷地内に入り御所を見物することは、当時から上方旅行の定番であったが、「上がる」とあるので建物の中にまで入ったと思われる。その後、みの一行は倉橋家へ行き、帰りの関所手形をいただくが、その有効期限が「今月中」であったため伊勢参宮はあきらめた、とある。

十日に京都を出立したみのの一行は、帰りは中山道を選び、木曽路の景色を愛で、浅間や伊香保に湯治をして、目一杯楽しんだ。七月八日には江戸へ入り、脚気で叔父の家に滞在していた徳雅が途中まで出迎え、一緒に帰った。帰宅は七月に入ってしまったが、六月中に関所を越えていれば大丈夫だったということなのだろう。

みのの性格と行動

徳雅は「永久田家務本傳」の中で養母みのを酷評しており、記述の後半に行くほど辛辣さは鋭くなる。しかし、徳雅が嫌うほどには、みのは徳雅を嫌ってはいなかっただろう。少年期には家で預かり手習いをさせ、青年期は病気療養のため四谷の家に滞在させて世話を焼いている。夫喜雅のことは尊重しており、その死を深く悲しみ、上方を旅行した時は、山田屋のルーツである桔梗屋を訪れ位牌に手を合わせている。

文化六年(一八〇九)二月十八日、みのが死去した時、徳雅はその人物像を次のように評している。

才弁・言語・筆談よく頓智あり。貴人に寵愛せられて実情にて貴人も内々心労の事を談じ給えば、侠客《きょうきゃく》の意おわしまし給えば(中略)。人のためにひまを入て心を尽くし、整いて人に喜ばれあいせられ給えり。又は縁類のものは申《もうす》に及ばず、女子をやごとなき方へ奉公に世話をなし給うこと多かりければ、いささかの伝手《つて》を求めて諸所より頼まれ給いて世話をなし給えり。又は金子に差し支え困り給う方には借り出して貸し給えり。しかるに、痲癖おわしければ約束に違いし事あれば憤り給いて、其報いをさせ給うことあり。

みのの死後、色々なところに金を貸していることがわかったが、二、三両ほどの小額を貸していた懇意な所には、返してくれとは言えず、そのままにせざるをえなかった。藤崎の局《つぼね》浜路から、みのが境町茶屋中村屋金兵衛(歌舞伎のお茶屋)に二〇両貸していたことを教えられ、少しずつでもよいので返してもらうよう、徳雅が話をつける。

当主である自分に断りなく人に金を貸し、人助けというよりは、自分の侠気に酔いしれているようなみのの行動に、徳雅は辟易していたと思われる。

叔父喜雅は倹約を第一として、出入りの屋敷を訪れるときも絹織物である小袖を着ることはなく、木綿の縞織物である桟留《さんどめ》の着物などで、また新規に小袖を拵えたこともなかった。それに比べ、みのの贅沢ぶりを徳雅は嘆く。常に高価な絹太織《きぬふとおり》の類を着て、上田縞《うえだじま》とも呼ばれた絹織物で江戸時代後期に流行した上田紬《つむぎ》なども、着古すと普段着にする。食事の時は、尾張家奉公中に用いていた食器を、漆を塗りなおして使用、碗や茶碗もその類である。箸も奉公中に使っていた紫檀《したん》のもので、先の方が傷むと新しいのを拵える、という調子である。つまり、奥女中はかなり高価で贅沢な道具類を、奉公中使用していたことがわかる。それを、商家に嫁いだ後もそのまま使用していたというのである。

みのは夫の喜雅の死後は、誰はばかることもなく贅沢をし、わがままもつのり抑えられなくなった。年をとっても人に頼られたみのは、たびたび江戸城本丸に上がり、その度に土産を調《とと》え(出費がかさむ)、どこへ出かけるにも駕籠を使った。癇癪《かんしゃく》をたびたび起こすのでそら恐ろしく、最初の妻なかも

表4　みのが奉公を斡旋した女性

	続柄	名前	奉公先	奉公年
A	勝五郎妻	みよ	純姫(尾張家より上杉家)	天明5年
B	みよ妹	てや	上杉家→花町部屋方	
C	岡崎屋八世六郎兵衛娘	ぬい	戸川部屋方	
D	岡崎屋八世六郎兵衛娘	よし	上杉家	
E	徳雅妻	なか	花町部屋方	寛政4年
F	戸塚宿七兵衛娘	きせ	淑姫御末→御使番	寛政9年前
G	戸塚宿七兵衛娘	みな	江戸城大奥　瀧尾部屋方	寛政年間
H	戸塚宿七兵衛娘	つる	尾張家　生田部屋方	

女中も困っていた、と徳雅は結ぶ。

奉公の斡旋(一)　勝五郎妻みよと妹てや

「縁類のものは申に及ばす、女子をやごとなき(やんごとなき)方へ奉公に世話をなし給うこと多かりければ」とあるように、**みの**は親類縁者は言うに及ばず、それ以外の女子に対しても、世話を焼き奉公先を斡旋した。**みの**が世話した女性を表4にまとめた。**なか**についてはすでに触れたので、それ以外の例を見ていきたい。

寛政十年(一七九八)、前年に与力となった、徳雅の従兄である黒田勝五郎は、二八歳の**みよ**と再婚する。二人は**かん**(後**ちか**)と八之助(後に武兵衛と改め家を継ぐ)という一男一女を授かる。文化四年(一八〇七)一一月に勝五郎は死去するが、**みよ**がまだ若くて目立ったため、**みの**は**みよ**を剃髪させ智誓尼と改名させた。

みよの実家は住吉町にあり髪結床《かみゆいどこ》の株持として暮らしていた。住吉町は**みの**の実家がある難波町の向かいで近所なので(九八頁図14参照)、**みの**は**みよ**のことを子供の頃から知っていた。生まれつき愛らしく、六歳より踊りを習い、友達と喜雅宅で踊りを披露したこともあったという。

みよは一五歳の頃、**みの**の世話で、尾張家より米沢藩上杉家へ輿入れした純姫《すみひめ》(徳川宗睦養女、上杉《うえすぎ》治広《はるひろ》妻)のもとへ、踊り子として奉公に出た。年齢から計算すると天明五年(一七八五)頃に奉公に出たことになる。この頃(宝暦・天明期)は遊芸が盛んで、歌舞音曲《かぶおんぎょく》を好む大名が多く生まれ、その一人大和郡山《やまとこおりやま》藩主柳沢信鴻《やなぎさわのぶとき》は、採用する奥女中にそうした素養を求めた(畑、二〇〇九)。

御三家の姫が輿入れするときも、実家から多くの奥女中が付き従って婚家へ行く。その雇い主は純姫の場合は実家の尾張家である。**みの**が尾張家に奉公していた時の仲間が、純姫付の女中となっている可能性が高い。また、**みの**は自分の衣類(奉公の時使用していた物だろうか)を**みよ**に着せて奉公に出した。

図19　純姫の婚礼道具「松竹梅鶴亀葵紋蒔絵貝桶」(米沢市上杉博物館蔵)

純姫は宝暦九年(一七五九)高須藩主松平義敏の娘として生まれ、安永六年、父の兄で伯父である尾張藩主徳川宗睦の養女となった。養女とした時点で、後に上杉家一〇代藩主となる治広への輿入れの話が出るが、舅となる治憲《はるのり》(鷹山《ようざん》)が、輿入れまでに純姫が質素な上杉家の家風に合わせられるようになることを希望した。純姫が輿入れしたのは天明二年(一七八二)十一月十五日で、その時山田屋に逗留していた徳雅は、次のように記している。

午ノ刻(正午)ばかりに尾州様より上杉様へ御婚礼御座候《ござそうらい》て、四ツ谷御堀端を御行列にて御通りすみ姫君様御座候を拝見いたし候。

四谷塩町一丁目の叔父の家からすぐの四谷御門前の堀まで行き、行列を眺めた。おそらく、**みの**も見に行ったであろう。純姫の行列は市谷の尾張家上屋敷を出て、内堀通りに沿って進み、四谷門・半蔵門前を通り、桜田門向いの上杉家上屋敷に入ったのだろう。

天明四年に純姫が産んだ男子は、翌年亡くなる。**みよ**が踊り子として奉公に出たのはこの頃に当たる。純姫自身はともかく、尾張家から来た御付女中たちが、質実剛健な上杉家の気質に馴染んだかどうかは、踊り子という職種を雇った時点で疑問が残る。

純姫は文化十三年(一八一六)に五八歳で亡くなるが、大名夫人としては長命といえる。上杉家の七代・八代米沢藩主の正室も尾張徳川家から輿入れしているが、この二人は尾張家の菩提寺である小石川伝通院《でんづういん》に埋葬されているのに対し、純姫は上杉家の江戸の菩提寺で、息子も眠る興禅寺に埋葬された。

寛政十年、黒田勝五郎が**みよ**を気に入ったので、**みの**は**みよ**に暇《いとま》を取らせ結婚させる。**みよ**は結婚したことで縁者となるが、**みの**が奉公を仲立ちした時は単に近所の気に入った娘だったに過ぎない。徳雅の筆致のせいもあるが、**みよ**には自分の意思がなく、**みの**に操られている人形のような感じがする。また、**みの**は勝五郎には気を遣っており、その要求には弱い面があったようだ。

みよ(智誓尼)の妹**てや**も容貌が麗しく、**みの**は子供の時から可愛がり、世話をして「上杉奥」へ奉公に上げた。「上杉奥」は純姫付ではなく、上杉家の奥向(藩主付)と推定できるが、純姫付女中が採用に関与したことも考えられる。御殿の中で手習いをし、右筆《ゆうひつ》の役を貰い、数年勤めて暇を取る。奉公に出た年はわからないが、**みよ**より少し後であろう。

奉公を辞めた後に結婚をするが、三年程で離婚し、黒田家に居候をする。しかし、具体的に何かはわからないが、ふしだらな行いが多かったので、徳雅と妻**かよ**が世話をして、花町の部屋方へ奉公に上げる。**みの**の名前が出てこないので、文化六年以降の話といえる。手跡が見事なので花町は**てや**を気に入る。この時も衣類は**かよ**が奉公していた時に使用していた着物を貸している。

てやは四、五年勤めて、病気で目白の勝五郎家へ下がり、その後、田沼家用人堀部氏へ嫁す。田沼家は意次の失脚後、遠江相良《とおとうみさがら》藩五万七〇〇〇石から陸奥下村藩一万石に転封《てんぽう》となり、藩主の早世が続いた。文化元年(一八〇四)に藩主となった意正《おきまさ》は、意次から五代あとの藩主に当たるが、意次の実子である。かつて水野家の養子になった関係から、老中水野忠成《ただあきら》の推挙を受け、遠江相良への復帰を果たした。**てや**が結婚した時の田沼家当主はこの意正で、意正は文政二年(一八一九)には若年寄の役職についている。

さて、ここで唐突に田沼家の話が出てくるが、勝五郎とつながりがあるということは、その父喜雅の代に田沼意次と結びつきがあったと考えることもできる。そうなると山田屋の本丸大奥御次御用は、意次の後押しのもとに認められた可能性も出てくる。しかし、「永久田家務本傳」からではこれ以上詳しいことはわからない。

奉公の斡旋(二)　岡崎屋と戸塚宿七兵衛三姉妹

徳雅の祖母**とよ**の実家・岡崎屋の八世六郎兵衛には一男二女があり、後を継ぐ九世六郎兵衛は前にも述べたように徳雅の手習いの友である。九世の姉**ぬい**は、一三歳より一七、八歳くらいまで、**みの**の世話で一橋家老女戸川に仕える。戸川とつながりがあるのは**とよ**であり、**ぬい**を徳雅と同年代と捉えると、**ぬい**が奉公に出た頃、**とよ**はまだ健在のはずである。しかし、世話をしたのは**みの**とある。九世の妹**よし**は一四歳頃、**みの**の世話でやはり上杉家の奥へ奉公に出る。

九世六郎兵衛の妻**こよ**の実家は、麴町の畳屋で彦根藩井伊家の御用達であったので、御用達同士の縁組である。岡崎家自体にも奉公の伝手はありそうだが、何故**みの**に頼んだのだろうか。

みのの祖母は、相模国藤沢宿の金井源兵衛の娘で、その親戚である戸塚宿の七兵衛には**きせ**・**みな**・**つる**の三姉妹があった。三人は**みの**の実家難波町柳屋を頼り奉公の世話を依頼する。しかし、実家にはその伝手がなかったため、**みの**が世話をすることになる。この場合は**みの**が最初から積極的に動いたというよりは、実家が困っているのを見過ごせなかったというべきかもしれない。

まず、**きせ**を一一代家斉御台寔子の局《つぼね》藤崎に頼み、淑姫《ひでひめ》付御末《おすえ》として召し抱えてもらう。**きせ**は**きぬた**(「寛政九年淑姫分限帳」に名前がある)という女中名をもらい、ほどなく出世して御使番《おつかいばん》に役替となる。寛政十一年(一七九九)、淑姫が尾張御守殿へ入ると、**きぬた**も同行し、五年勤め、享和三年(一八〇三)十一月に下がる。松島町紀伊国屋吉郎兵衛(花町局三浦の兄)の仲介で大坂屋和兵衛に嫁す。**みの**の依頼で徳雅が実家がわりを引き受けるが、そのため出費がかさんだと徳雅はぼやく。このように、

表5　淑姫付女中一覧（寛政9年）

職制	人数	名前
小上臈	2	やお　おち
御年寄	1	松尾
中年寄	2	江川　永井
中臈	4	ゆい　ふみ　たを　きよ
小姓	1	あい
呉服之間	5	より　やえ　かの　さと　りわ
御三之間	5	かね　りそ　るさ　もよ　さち
御仲居	2	三寄　皐月
御半下	10	しののめ　しくれ　にしも　花よ　きぬた　夕きり　いわね　あかし　かしは　染川
計	32	

（東京大学総合図書館蔵「大奥女中分限帳」より作成）

みのは奉公だけでなく、暇を取った後の婚姻先まで世話をしている。

きせの妹**みな**は、寛政年間に「長局《ながつぼね》の内」、瀧尾という女中の部屋方として仕えていたとある。寔子付中年《ちゅうどし》寄《より》に瀧尾という人物がいるので、その部屋方として江戸城大奥に奉公していたと推察できる。奉公を辞めた後の**みな**と相模屋喜助との縁組にも**みの**は手を貸した。相模屋喜助は、赤坂新町鈴降稲荷前清水屋に手代として奉公していた。清水屋は尾張家の市谷上屋敷の長局へ青物・糸針などを納める御用達で、御殿の口に八百屋の物置をおくことを願い出て、そこで日々商売をし、部屋《へや》方《かた》御用《ごよう》つまり御次《おつぎ》御用を担っていた。尾張家に奉公していた頃の**みの**の御次御用も担っていたかもしれない。

きせ・**みな**の妹**つる**も尾張家の奥向で生田という女中に仕え、暇を取った後に日本橋の小網町の茶屋に嫁ぐ。**みな**と**つる**の奉公に関しては、その仲介者が**みの**であるという記載はないが、三姉妹には奉公の伝手が他になく、奉公先から見ても**みの**が世話をしたのは自明のことで、徳雅があえて記さなかっただけと考えられる。

ところで、娘を奉公に出す親元や宿元は、その準備に手間と金銭的負担がかかる。四〇〇石の中堅旗本である森山家の例を見てみよう。目付《めつけ》として活躍した森山孝盛は、娘を寔子付女中として大奥に上げるため、支度金《したくきん》として四〇両を用意し、老女の部屋方女中で局の役職にあった者にその一部を渡し、衣類など奉公に必要なものの準備を手伝ってもらっている〔畑、二〇一八〕。

砲術の腕を買われ幕府に与力として召し抱えられた御家人の井上家でも、娘を家斉の娘文姫付御末として奉公に出す支度金や、女中仲間への振る舞いに三両を用意し、その他奉公に必要な衣類の準備に四苦八苦したことを記録に書き残している〔畑、二〇〇九〕。奉公先に持って行く衣類や道具類には様々な規定が存在したであろうから、現役の奥女中や奉公経験者のアドバイスが必要であったといえる。

従って、江戸市中の商家や江戸近郊農村で娘を奥奉公に出す家は、農家であれば名主クラスで、金銭的に裕福である家が一般的であると言われてきた。これまで取り上げてきた山田屋・岡崎屋は御用商人で、三河屋〔八四頁参照〕も内藤新宿の商家で酒・太物・荒物・紙類などを手広く商う裕福な商人である。しかし、**みの**が斡旋した娘たちの実家は、さほど金銭に余裕があるとは思われない。衣類については**みの**や**かよ**の古着を与えたことが明示されているが、支度金も山田屋が立て替えた可能性がある。

3　ねん――「生涯奉公」の奥女中

大奥での働きと隠居所

みのの妹**ねん**（寛延二〈一七四九〉―文化五〈一八〇八〉）が本丸大奥新御殿（御台寔子）に御茶之間として奉公に上がった年ははっきりしないが、喜雅を宿元としているので、**みの**が結婚した安永八年（一七七九）以降と考えられる。寔子が御台となるのは寛政元年（一七八九）だが、天明元年（一七八一）には江戸城に入っている。天明元年からまもないころ奉公に出たと仮定しても、**ねん**はすでに三〇歳を超えているのだが、それまでの動向については記載がない。

前にも述べたが、**ねん**は御客応答《おきゃくあしらい》である梅崎の手助けも得て、家斉の側室たちの御用を山田屋にもたらし、奥女中の新規採用や西丸が開かれる時など素早く動き、御用を獲得してくれた。文化五年十一月に**ねん**が亡くなった時、徳雅は「厚恩は申し尽くしがたき」、「商売の世話をして、御殿中へ取次を深切《しんせつ》になし給えり。養母の妹にて予が恩になりし大切の御人」、「暮らし方よろしく成り候は御ねん殿のおかげ故と存ずる」と感謝と賛辞を惜しまない。**みの**に対する評価とは対照的である。

享和元年（一八〇一）、実家難波町柳屋の七郎左衛門（姉**きわ**の養子で竹川町の金貸しの弟）は、家の脇の小さな土蔵を改築して、**ねん**の隠居所を作ってくれた。もっとも、建築費は**みの**が手元金より支払ったため、同年に喜雅が死去して寡婦となっていた**みの**も、一一歳の孫**くめ**（勝五郎娘、幼名**ため**）を引き連れてそこに移った。**ねん**と三浦(花町部屋方局)も下がってそこに居た時、**みの**と七郎左衛門が大喧嘩を始める。「大声を出すな」と言った七郎左衛門に腹を立てた**みの**は、天秤棒を振り上げて七郎左衛門の額を打ったという。**みの**が隠居所に住むようになり、七郎左衛門とその妻**りの**は日々こき使われてうるさく思っていた。この一件により、**みの**は四谷の山田屋に戻る。

そこで、徳雅は自宅の後ろの貸し店二軒を買い、自分の家から行き来できるように修復して、**ねん**の隠居所とした。**ねん**も**みの**もこの家を気に入る。**ねん**はこれ以降基本的に隠居所にいたのか、江戸城での勤務も続けていたのか、どちらであろうか。享和三年三月、徳雅の妻**なか**が男子を出産した時、**ねん**が隠居所に下がり顔を見せる、との記述がある。従って奉公は続けており、江戸城と隠居所を行き来していると思われる。

ねんの死去(文化五年〈一八〇八〉)についての記述に「御殿をば御養生暇《ごようじょういとま》にて下り居られ候うち、四、五年住まれ候て四ツ谷塩町一丁目にて病死」とあることから、文化元年ごろからは、ほぼ隠居所にいたと考えられる。また、「養生暇」という制度があったことがわかる。

文化四年より**ねん**の病気は重くなり、五年になり腹の中に血の塊ができ、療治の甲斐なく、十一月十日に亡くなる。葬式・回向《えこう》などの費用は**みの**と徳雅で出し、柳屋には負担させなかった。一周忌も徳雅が、**ねん**の跡を継いだ**くめ**を連れて法事を執行した。この時、御殿より女中仲間の代参もあった。

徳雅は**ねん**について「生涯奉公」と強調しており、養生のため御殿を下がっていたと記していることから、亡くなった時も寔子付御茶之間の身分を保持していたと考えられる。

死後の供養

ねんについて一番興味深いことは、自分の身の後始末ということである。結婚もせず子がいない身としては、現在の我々が一番心配することは、老後の介護や看取りである。しかし、現代ほど人間関係が希薄でなかった江戸時代では、その心配はさほどなく、むしろ一番の気がかりは死後の供養であったことが「永久田家務本傳」から伝わってくる。

ねんは在世中に**くめ**を「娘分《むすめぶん》」とした。これは養子とは違い、芸事の後継者などに近い意味と思われる。**ねん**の実家は養子の代になり縁が薄くなったので、諸道具衣類を**くめ**に譲り、自分の跡に大奥へ奉公人として上げ、行く末は所帯を持ち、自分の死後、年忌供養を行ってくれることを望んだ。**みの**と**ねん**の実家柳屋は、姉**きわ**夫妻に子供がなく、養子に取った者が出奔するなど後継ぎに恵まれなかった。養子の七郎左衛門夫妻にも子供はなく、商売も尻すぼみとなり、やがて難波町からも離れることになる。

息子勝五郎に代わり**くめ**を養育し、その将来を心配した**みの**は、次のような遺言を残し、**ねん**の後を追うように翌文化六年(一八〇九)に死去した。

くめ事廿才を過して縁談すべく、我存生中は我心次第にすべけれども、それまではながらうべくも覚束《おぼつか》なければ、亡きのちは徳雅に任せければ心任せにすべし

徳雅は**ねん**と**みの**の遺志を尊重し、**みの**の死後に**くめ**を自分の養女として、本丸大奥への奉公に上げ

るために動き出す。

文化六年、くめが一九歳になると、徳雅は家斉付火之番《ひのばん》柏木と寔子付御茶之間やんに、くめの本丸大奥への奉公を依頼する。くめはねんの衣類諸道具を譲り受け、見習いの子供役として大奥に上がり、歌次という女中名を貰う。間もなく本丸御茶之間に役替となり、くんという名前に変わる。つまり、ねんと同じく寔子付御茶之間となったので、跡を継いだ形になる。ねんが後継者を指定することができたということだろうか。

名跡《みょうせき》を継ぐ（女中名の継承）ということについては、筆者はかつて上臈で検証し、その可能性を示唆した〔畑、二〇〇九〕。また、近世初期には有力な老女が自分の実の娘を老女としたり、元禄期には公家出身の老女が自分の跡継ぎを京都から呼んで来るなど、後継者を指名することがあった。御台付女中の職制で下から三番目に当たる御茶之間でもそのようなことが可能だったのだろうか。

くんは一三年間勤めて、文政五年（一八二二）に暇を取り、同年十二月に岡崎屋六郎兵衛の媒酌で庄五郎正矩《まさのり》を婿に取った。世帯を持ったくんは、くめと改名する。徳雅は奉公に出すために仮に親元となったのではなく、正式にくめ夫婦を養子とし分家させた。

さて、以後この夫婦がねんの年忌供養や正月七月の寺参り供養など、菩提を弔うことになる。くめの奉公中は徳雅が、恩人であったねんのため一周忌・三回忌・七回忌・十三回忌の法事を行った。

二代秀忠の正室お江や春日局などについての著作がある福田千鶴氏は「名跡立てを必要とする背景には奥向で一生奉公を遂げた奥向女中の没後にその供養の担い手をどうするのかという社会問題があ

り、その救済措置としての側面があったこと等がわかる」と述べている〔福田、二〇一八〕。**ねん**の行為も一種の名跡立てで、供養を目的としていることがわかる。

長年江戸城大奥に勤めた**ねん**にはかなりの蓄財があり、その金子も**くめ**に譲られることになる。文化元年(一八〇四)、**みの**の発案で**ねん**の「御遊び金(貯蓄し自由になるお金)」一二〇両で浅草の「上家付地面」を購入したが、利益が出なかったので、文化七年に一〇〇両で譲り渡した。今でいえば、投資がうまくいかず、二〇両損したことになる。

手元に残った一〇〇両は、**くめ**の婿取りの資金とするため、文化六年二月、**みの**の遺言書付《かきつけ》と共に、**くめ**の世話親である柏木に預けようとした。世話親とは奥女中として大奥へ奉公に出るときに立てなくてはならないもので、現役の先輩女中がその任に当たった。しかし、柏木の女中仲間の**やん**と**まん**から、柏木も年なので荷が重いだろうから、半金は徳雅が預かるようにと助言されたので、五〇両は徳雅が預かることとなった。

文化十年十一月、大病を患った柏木は麻布十番に住む弟石寺権平の元へ下がり、養生する。徳雅は見舞いに行き、堀之内妙法寺に平癒の祈祷もした。しかし、病で臥せっている柏木に金子の事は言い出しかねた。十二月に柏木が死去した後、弟に五〇両の預け置き金について尋ね、権平も探すが、**みの**の書付は出てきたものの、金は見当たらなかった。**くめ**と**たみ**二人の世話親になってくれた人なので不問に付すことにしたという。山田屋が二人の世話親となってくれた柏木と、どのような経緯で懇意になったかは記されていないが、あるいは御次御用を請けていたのかもしれない。

徳雅は自分が預かっていた五〇両を婿取りの元手とし、それに一〇〇両を加えて婿の庄五郎正矩に渡し、別家させた。さらに、文政十一年(一八二八)、分家である正矩に、道具家業と江戸城本丸・西丸はじめ御殿方出入りの株(権利)を譲った。正矩とくめは三人の男子に恵まれ、天保四年(一八三三)には表伝馬町一丁目に家・蔵を求めて引き移った。

4　たみ――跡取り娘の一家再興

徳川斉荘に仕える

たみ(寛政六〈一七九四〉―明治七〈一八七四〉)は、徳雅の兄柳屋六世小林文右衛門芳文と、徳雅の妻**なか**の姉**ふさ**の娘として生まれた。幼名は**ふき**という。

寛政八年春、三歳になった**たみ**を連れて江戸に出てきた**ふさ**は、山田屋に逗留し叔父の家に入ったばかりの徳雅も伴い、目黒不動へ参詣に出かけた。**たみ**にとっては初めての江戸である。その後**ふさ**に子供はできず、**たみ**は「柳屋大切の女」とあるように、大事な跡取娘であった。

文化六年(一八〇九)から**たみ**は江戸に出て徳雅の家に逗留、翌七年、一七歳になると奉公先を探し始める。いくつかの大名家の奥向へ「目見《めみ》え」にでるが、うまくいかない。目見えとは面接試験の事だが、**たみ**が受からなかったのはどのようなことが原因だったのだろうか。「永久田家務本傳」を読む限りは、能動的で奉公に向いている性格と思われるのだが、跡取娘であり長期の奉公は避けたいことがネックとなったのかもしれない。

そこで、**くめ**の時も世話になった柏木に奉公のことを頼むと、文化七年六月十三日に誕生したばかりの要之丞《ようのじょう》(家斉男子・徳川斉荘《なりたか》)付御半下《おはした》として召し出されることが決まる。最初から柏木に頼まなかったのは、前年に**くめ**が世話になったばかりなので、気が引けたということであろうか。

御本丸家斉公二十六人目御男子要之丞様御誕生。御腹御蝶様、後に速成院《そくせいいん》様と称し奉り候、青梅柳屋六世小林文右衛門娘ふき後民《のちたみ》という、御奉公願にて山田屋六世徳雅の許に徳雅の兄文右衛門娘ふき事来リ候所、徳雅娘と申し立て柏木様御世話親に願い右要之丞様御誕生の御末《おすえ》に民弥《たみや》と呼ばれ召し出され候事

右の「永久田家務本傳目録」からも、**たみ**自身が奉公を希望していたことがわかる。兄柳屋六世小林文右衛門の娘**たみ**は、山田屋を宿元として徳雅の実子として幕府に届けられ、柏木を世話親とし、要之丞付御半下として江戸城大奥へ上がった。御半下と御末は同じ意味で、一番下の職制に当たる。民弥という女中名を与えられ、暇を取った後は民(たみ)と改名した。要之丞の生母はお蝶、家斉死後に速成院と名乗る。

表6　要之丞付女中

職制	名前
御守り	亀野
	初村
御次	たを
	みや
	のせ
	よさ
呉服之間	りさ
	すす
御三之間	いす
	しち
	こや
御仲居	村雨
	小萩
御半下	かさし
	民弥
	初音
	歌川
	三弥
合計人数	18

(国文学研究資料館蔵「柳営女中比丘尼名・両御殿女中名」より作成)

「永久田家務本傳」の中で奉公中の**たみ**の動向がわかる記載は一カ所のみである。文化十年三月晦日、同時期に江

戸城大奥に奉公していた勝五郎娘**くめ**（女中名歌次）と**たみ**（女中名民弥）は、同じ日に宿下《やどさが》りする（休暇を取る）。**くめ**は舟で隅田川花見と芝居見物をし、**たみ**は芝居見物をしている。**たみ**の方が遅い時間に宿下りをして、芝居見物のみ一緒に行ったと思われる。

たみは七年ほど（正確には六年と五カ月、徳雅は七年と記載）勤め、田安斉匡《なりまさ》（家斉弟）の養子となった要之丞が、田安邸に移住した文化十三年に暇請《いとまご》いをする。このとき「御付《おつき》の方々定《かたがたさだめ》」があったので首尾よく暇をとることができたとある。筆者はこの規則そのものは未見だが、将軍子女が江戸城を出る際、一定の職制以下の女中は暇をとることができる、というような一条があったのではないかと推察できる。下がるときに、無尽《むじん》の掛け金二〇両を受け取っている。

二月二十三日に田安邸に引き移った要之丞は、文政三年（一八二〇）六月元服して将軍家斉より一字を拝領して斉荘と名乗りを改めた。文政九年二月、斉匡の娘猶姫《ゆうひめ》と婚礼をあげる。三〇歳になった天保十年（一八三九）、夫婦養子として尾張徳川家を継ぎ、市谷上屋敷に引き移る。尾張家の家臣の一部がこの相続に反対したため、その後の藩政運営に苦慮することとなる。

たみは暇を取った翌文化十四年「御礼上り」をし、その後も毎年年始にはご機嫌伺いに訪れ、またそれとは別にたびたび召し出されることもあったという。徳雅はその場所を記載していないが、江戸城ではなく田安邸の斉荘の元と推察できる。

たみは約七年しか奉公しなかったが、人間関係を構築するのがうまかったと考えられる。斉荘に仕えたことで、江戸城、田安家、尾張家三カ所と結びつきを持つことができた。

奉公に上がる手順

ここで、奥女中となるための採用プロセスを確認しておこう。伝手などで採用は内定されるわけだが、まず「目見え」といわれる面接試験を受ける。これに合格すると「宿見《やどみ》」という宿元《やどもと》（奉公人の親や身元引き受け者の家）の確認が行われる。将軍家が幕臣、大名家が家臣の娘を雇う時は素性を把握しているので宿見は省かれる。それと前後して「親類書」を提出する。親類書は就職の際に提出する履歴書に近いものだが、現在の履歴書とは違い本人の経歴は問題とされず、親兄弟の名前とその肩書きが記されている。宿見と親類書の提出は順序が逆になることがある。その後に奉公先に引っ越し、老女から宛行書《あてがいがき》（給与目録）・名前（女中名）・役向《やくむき》を与えられる。いままで見てきたように、役向つまり職制は内定の時点で決まっていることも多い。また、大名家などでは例外もあるが、基本的に本名（実名）と女中名は異なる。

さらに奉公人が農工商身分の場合は、人主《ひとぬし》（親であることが多い）の他に請人《うけにん》を立て、請状《うけじょう》を差し出す例もある。請状には奉公する女性の名前・年齢などと、公儀《こうぎ》法度《はっと》を守るとの誓約と、宗旨《しゅうし》が記載される。

たみが大奥へ奉公に上がるに際し、町年寄北村（喜多村）彦右衛門より身元《みもと》糺《ただ》しがあり、徳雅は名主塩崎茂八、家主岩井屋喜兵衛と共に召し出しに応じる。この時はまだ四谷塩町に居住しており（赤坂へ移るのは翌年）、その支配関係者となる。徳雅は**たみ**を実の娘とするため、七、八枚も書類を作成したという。審査はなかなか厳しく、父母の住所、間口何間《けん》の家作で蔵がいくつあるか、兄弟・召使の数、それぞれの仕事内容を認《したた》め、家主・名主に捺印をしてもらう。徳雅が父なので、母は当然**かよ**ということになり、その実家である金沢屋伊兵衛の住居がある神田永冨町の家主・名主の印も必要であった。

養女とした**くめ**に比べ、**たみ**が大変だったのは、事実をごまかし実子とする細工が必要だったのが、原因といえる。

審査が無事に済み、奉公に上がった後も、奥より親類書が未提出であることを指摘され、差し出す。町年寄の糺しに対し、親類書の提出は最近になって始まったもので、知らなかったと徳雅は答えている。ただ、それまで、山田屋としても、徳雅自身も多くの女性の奉公を斡旋しているので、実際には親類書の提出を知らなかったとは考えにくい。

これまで筆者が見てきた事例から親類書の提出について再確認していきたい。まずは、**たみ**と近い年代から見ていこう。御家人井上貫流左衛門の娘**るへ**は、文化六年(一八〇九)五月、家斉娘文姫の御《お》半下《はした》として江戸城大奥に上がるが、その前に親類書を提出しており、その史料も現存している。文化三年六月淑姫の小姓《こしょう》として召し出された貞の場合、父の本多重賀《しげよし》は親類書の提出どころか、奉公の届け出すらしなかった。二〇〇〇石の大身旗本ゆえの例外と思われる。

次に少し時代をさかのぼって見ていこう。明和二年(一七六五)十二月、御家人小野直泰の娘**きせ**は離婚後、安祥院(九代家重側室、清水重好生母)の桜田御用屋敷に、呉服之間《ごふくのま》として奉公に上がることが決まり、親類書を提出する。『官府御沙汰略記』に次のようにある。

〈現代語訳〉番所へきせの親類書を八助に持たせて遣わす。すぐに番所の庄兵衛よりその親類書が古坂弁蔵方へ持って行かれるが、外出していたのでその親類書は箱と共にしばらく留め置かれ、昼過ぎに返書と手形箱が持ってこられる。親類書はすぐに奥へ指し出され、いよいよ召し抱えとなり、年内に御殿へ引っ越す予定でいるよう、日時は追って申し遣わす旨が伝えられる。

寛政十二年（一八〇〇）、旗本森山孝盛の娘りの（嶋沢）は、家斉御台寔子付御次として召し出されるが、孝盛は親類書を提出していない。明和二年にすでに提出が確認できる親類書を、森山家では何故提出しなかったのだろうか。理由としては、①単に孝盛がそのことを日記に記載しなかっただけ、②旗本と御家人の違い、③りのの場合は身元引受人が老女瀧川であったから、という三つの可能性が考えられる。

しかし、御家人に課せられていることが、町人に免除されるとは考えにくく、徳雅の記述と小野家や井上家の事例は矛盾する。親類書についてはもう少し検討を要する。

青梅での生活、柳屋の窮状

文化十三年（一八一六）十一月十五日、民弥は青梅柳屋に戻り、たみ（民）と改名する。女中名の民弥から一字取ったのである。戻った後に前の実名を名乗らず、奉公中の女中名を転用することはよく見られる。くめも女中名くんより一字を取っている。

翌十四年春、**たみ**は所沢の酒屋、三上家の**りえ**(所沢の綿屋出身の**るい**の妹)の紹介で、所沢の小沢孫市の息子要助を婿にとる。婿取りのため父文右衛門は、弟の徳雅に三〇両借りる。そのころ文右衛門は手元不如意《てもとふにょい》で、諸所に借金をしていたとある。

たみが戻ったころ、柳屋は傾いていた。松平定信が寛政の改革で行った棄捐令《きえんれい》により「山方の掛け損」が出たことや、文化年中(一八〇四―一七)に柳屋の本家である越後屋十郎左衛門が入牢し、そのため越後屋に金を貸したことが要因といえる。その後も徳雅の忠告を聞かず、株も引き受けたため、文右衛門の借金はかさんでいった。当然、徳雅が貸した三〇両も催促されても返すことができない。

文政元年(一八〇四)、要助は江戸の徳雅の元に来て、柳屋の身上が借財まみれであることを嘆く。要助がこのことを知らずに婿入りしたことを不憫に感じた徳雅は、要助と共に青梅に行き、所沢から三上の叔母**りえ**も駆け付ける。**るい**が存命の間は心配を掛けまいとし、親類一同で無尽を行い、一〇五両を拵えようとした。無尽に参加したのは、三上家、黒田家、山王前豊次郎、綿屋半平、油屋徳兵衛、他に原山・坂下と文右衛門自身も一口出した。しかし、**りえ**の夫三上半次郎は無尽に賛同しておらず、この無尽は初回限りで散会した。

このような中、文政元年に**たみ**は長男利太郎(後の柳屋八世文右衛門、利右衛門とも称する)を出産する。文政十二年、一二歳になった利太郎は、逗留していた徳雅宅から、室町一丁目の島屋半兵衛のもとへ奉公に出る。

文政五年閏正月、近所の人が伊勢太々講《だいだいこう》で出立するとざわめき立っているのにつられ、未だ伊勢参詣をしたことがなかった文右衛門は、借金があるにもかかわらず参詣しようと意気込む。その頃は、少しは柳屋も立ち直ったように見えたので、徳雅も無理に引き止めず、一両の餞別を渡し、京大坂のみ見物して倹約して早く帰るよう釘を刺す。しかし、閏正月十四日に出立した文右衛門は、弟の忠告も何のその、伊勢より大和をめぐり京大坂を見物して、船で讃岐に渡り金毘羅《こんぴら》を参詣、帰りは木曽路を通り善光寺に参ってから帰村した。

文右衛門の留守中にやけになった婿要助は、博打に負け大金を損する。このようなことを知らないまま、長いこと柳屋を支えてきた**るい**は、文政七年、七〇歳で亡くなった。

いよいよ柳屋は「文政七年ニハ身上立行がたく逼塞致候」という状態に陥る。収入と支出のバランスを取り倹約すれば逼塞することはなかったのに、と徳雅は嘆く。叔父の五世徳左衛門の時は青梅の溝端地域で一番栄えていた柳屋を、婿に入った兄が衰退させたことを責めても、文右衛門は酒を飲み大いびきで寝てしまうという体たらくに、徳雅はあきれるばかりであった。

文政八年四月二日、**たみ**は次男繁蔵(後の山田屋八世愛安)を出産する。繁蔵の出産後間もなく、**たみ**がまだ産所にいるときに、父文右衛門と夫要助が激しい口論をし、要助は柳屋を飛び出し実家に戻ってしまう。口論の理非は双方にあるが、二人の子供を残し、産所にいる妻を打ち捨て、親戚にも相談せずに家を出る行為は許しがたい、と徳雅は憤慨する。

「永久田家務本傳」には要助は「離縁」と記載されるが、小林家の菩提寺である天寧寺の**たみ**の墓に、慶応三年(一八六七)四月に死去した要助の法名(実圓悟山居士)も一緒に刻まれている。もっとも小林家の記録には、「所沢に帰り、小沢孫市を相続し、薬王寺に葬られる」とあることから、離縁の事実は間違いなく、埋葬されたのも所沢の薬王寺であるが、**たみ**の意志で名のみを刻んだということだろう。

たみの奮起

産後早々独り身となった**たみ**は、乳飲み子の繁蔵を連れて江戸に行き、徳雅宅に逗留する。繁蔵を子守に預け、自分は御殿に上がり、なじみの女中に頼み、青梅産織物類の商いに精を出す。「お民事の気性はなまじの男にまさり候者」と徳雅は称える。気性としては養母**みの**に近いところがあるが、徳雅の両者に対する感情は真逆である。

文右衛門も娘**たみ**の行動に触発され、青梅より江戸に出て小伝馬町に宿を取り、産物の織物を諸家へ売り歩く。元来商いは好きな性分なので、心を切り替えてくれた、と徳雅は安堵する。

家斉息女の御守殿・御住居、家斉子息の養子先の大名家を中心に商売をして、諸方の御殿御用を獲得し、本丸・西丸大奥の御次向へ呉服・太物類を納める御用も務めるようになる。特に田安家は斉荘との縁で、長局の部屋べやへ絹布類を納めることができた。

たみが御用を務めたと「永久田家務本傳」に記される大名家とその主《あるじ》は次の通りある。カッコ内の人物はすべて家斉の子女及びその配偶者である。

越前松平家（松平斉承《なりつぐ》・御住居浅姫・松平斉善《なりさわ》）／津山藩（松平斉民《なりたみ》・正室）／広島藩（浅野斉粛《なりたか》・御住居末

姫）／川越藩（松平斉省《なりやす》）／浜田藩（松平斉良《なりよし》）／長州藩（毛利斉広《なりひろ》・御住居和姫）／佐賀藩（鍋島斉正《なりまさ》〈直正〉）・御住居盛姫）／徳島藩（蜂須賀斉裕《なりひろ》）／高松藩（松平頼胤《よりたね》・御住居文姫）／明石藩（松平斉宣《なりこと》）／姫路藩（酒井忠《ただ》学《のり》・御住居喜代姫）／尾張家（徳川斉荘）／一橋家（徳川斉位《なりくら》・御簾中永姫）／鳥取藩（池田斉訓《なりみち》・御住居泰姫）

たみは毎年春と秋に、青梅から江戸に出て徳雅の家に三カ月ほど逗留し、本丸御殿や御住居御殿へ上がり、青梅産の織物類を売って回った。扱う商品は山田屋とは違い呉服物であるが、売り先は将軍子女の御付女中で、同じ御次御用である。はじめは少しであったが年々増加していった、とあるが、どのような手法でこれだけ販路を広めることができたのだろうか。寛政期、山田屋は家斉の側室たちの御用を請けるようになる。その後もその御用が継続しており、また新たに側室となった者の御用も得ていたとなれば、生母の伝手で子女たちの御用も獲得した、という流れは考えられる。

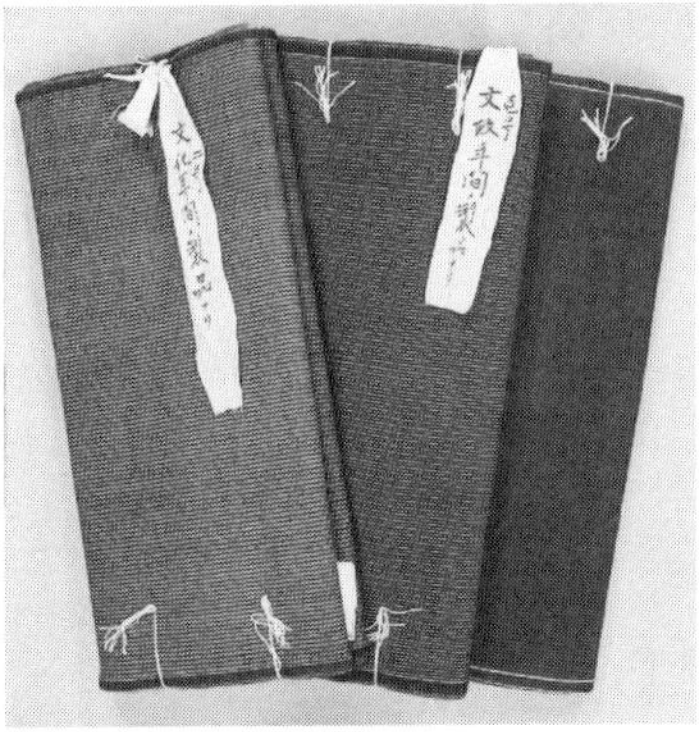

図20　青梅縞の織物（青梅市郷土博物館蔵）

「永久田家務本傳」には「右諸御殿へ数多《あまた》御用相勤め候様に相成り」とあるが、詳細は記されていないので、同時期にすべての御殿から御用を請けていたとは限らない。

徳雅も無利子で**たみ**に金を貸し、御殿への土産物を見つくろい、帳簿のつけ方も指導して、全面的にバックアップした。**たみ**を支援したのは徳雅だけではない。次節で述べるが、父文右衛門の姉**ます**は、この時徳雅宅に同居しており、御殿との文通の手伝いや、**たみ**の衣類の裾直しをするなど世話をやいた。

だんだん商いも手広くなり、馬二、三駄で青梅と江戸市中を往復し、男女の召使も雇うようになった。天保七年(一八三六)、江戸での商売が軌道に乗り、商品が山田屋の蔵に置ききれなくなると、徳雅にも勧められ、**たみ**は文右衛門と相談して江戸での住居を探し始める。徳雅は「柳屋六世文右衛門七世民後家」と記載しており、女性ながら**たみ**を文右衛門の跡取りと見ていることがわかる。

天保八年三月、日本橋品川町(現・中央区日本橋室町一丁目)で売りに出ていた物件を見分し、家と蔵を三二両で買い取り、家主と地代の取り決めをする。徳雅を地請人として、借主は「柳屋民吉」という名前で証文をとる。女性の名前では借りられないということだろうか。民吉は利太郎(**たみ**の長男)の別名と記す箇所もあるが、それならば利太郎のままでよいはずである。「永久田家務本傳」にある小林家の系図には、「女子　七世民吉　寛政六甲寅年生　柳屋七世要助妻おふき後おたみ」とあることから、やはり民吉は**たみ**で、**たみ**自身の名儀で借りたかったのではないだろうか。

それまで、**たみ**は叔父徳雅の家に同居し、山田屋の名目で江戸城の門を出入りしていたが、品川町に家を持ったのを機に、天保八年、柳屋の名目で「両御丸御門札」をはじめて頂く。別の家の門札を借りて江戸城に出入りし、商売をするなど、今ならコンプライアンス上問題ありと言われそうであるが、江戸時代はそこまで厳しくはない。

これまでは山田屋六世徳雅庄左衛門御出入の御門札にて出入致し候え共、別宅致し候ては御門札を願い候様申候故、両御丸御門札願頂戴致され候。

右に「六世徳雅庄左衛門御出入の御門札」とあるが、文政十一年(一八二八)に徳雅は両丸出入の道具家業を養子正矩に譲っている。家業は譲ったが、徳雅自身が江戸城へ出入りできる門札を持ち続けていた、ということだろうか。

こうして晴れて柳屋も御用達となったのである。文右衛門も六八歳になったが元気で**たみ**と同居し、品川町より諸方に出かけ商売に励み、この頃には店卸《たなおろし》の帳尻も問題なくなった。

この一カ月前に夫庄兵衛と離別した青梅山田屋の**かつ**は、独立した**たみ**を助けるため江戸に出る。天保八年四月家斉から家慶への将軍代替りで、本丸と西丸の入れ替わりが行われた。柳屋の御用も多くなったので、**かつ**も大変役に立ったと徳雅は述べる。

天保九年正月十七日、文右衛門妻で**たみ**の母である**ふさ**が病死した。数年来病身で、次第に衰弱していった。文右衛門に付き添われ、ともしびが消えるように息を引き取った。**ふさ**の病気が重くなったという知らせが江戸に届くと、**たみ**と利太郎は急いで青梅に向かったが間に合わなかった。**ふさ**は繁栄を取り戻した柳屋を確認して、安堵して逝ったことだろう。

同年三月十日、家斉が住まう江戸城西丸御殿が焼失する。母の死去により青梅に戻っていた**たみ**は、御殿商いが増えるともくろみ、四十九日を済ませると早々に江戸に出る。商魂たくましい。

同年四月十七日、日本橋小田原町より出火し、永富町の金沢屋伊兵衛宅(徳雅の元妻**かよ**の実家)は風下のため焼失した。品川町の柳屋は遅くなって類焼したため、避難ができたので怪我人もなく土蔵も無事で、家のみが焼けた。御殿の馴染みの人々から見舞いをもらい、翌年春には早くも再建がなったとある。見舞いには衣服などもあっただろうが、見舞金つまり金銭が中心であったと思われる。

斉荘墓参の旅

旧主斉荘を懐かしむ思いと、一緒に奉公した人たちとの結びつきが強かった**たみ**は、嘉永二年(一八四九)、斉荘墓参の旅(善光寺、京都、大坂、四国金毘羅、高野山、伊勢などを巡る)に出かける。その足跡を**たみ**が記した「道中日記」から辿っていきたい(この日記は柳屋小林家から、青梅市郷土博物館に寄贈された)。

旅の道連れは、明石、八重と男性従者三人で、**たみ**を含めて六人の旅である。明石は**たみ**の奉公仲間と読み取れる。長旅であるので当然奉公は辞めているといえるが、明石という女中名で記載している。**たみ**一行は閏四月二十七日に出立し、神田明神に参詣し旅の無事を祈り、本郷通りを抜け板橋宿に泊まる。それから中山道を進むのであるが、当時、伊勢参宮は行きに東海道、帰りに中山道というルートが一般的であった。**たみ**には斉荘の墓参という目的があったので、名古屋を最後にもって行ったのだろう。

上尾《あげお》宿、熊谷宿、高崎宿と中山道を進んだ後、少し脇道に入り妙義山、榛名山と信仰の山を訪れ参詣をする。その後も伊香保温泉、草津温泉、渋《しぶ》温泉と温泉地をめぐり、湯につかりのんびりと旅をしている。善光寺ではちょうど開帳に当たり、二日間ゆっくりと逗留し、名物のそばを食べている。善光寺の宿は本陣である藤屋平五郎で、「道中日記」を翻刻した小澤氏も指摘しているように、途中駕籠も使い、宿も選ぶなど、かなり贅沢な旅といえる。

諏訪大社の上社《かみしゃ》・下社《しもしゃ》の参詣を間に挟み、松本城下、高遠《たかとう》城下、飯田城下と城下町をわざわざ訪れている。木曽谷の馬籠《まごめ》宿を通り落合宿に泊まり、苗木《なえぎ》藩遠山家の苗木城(今も名城として名高い)を眺め中津川を通る。木曽山が尾張家の支配地であることを記すことも**たみ**は忘れていない。

木曽川を舟で下り、尾張家の付家老《つけがろう》成瀬《なるせ》隼人正《はやとのしょう》の犬山城を舟中より眺める。舟を降りると寄り道をして、尾張国の一宮《いちのみや》(真清田《ますみだ》神社と大神《おおみわ》神社)及び常念寺に参詣し、尼寺に泊まる。尾張と美濃の境である境川渡しを越え、木曽義仲の首塚、関ヶ原合戦跡といった古跡を訪れる。

彦根の高宮神社に参詣の後、中山徳谷《とくだに》(現・滋賀県蒲生郡)というところで知り合いの岡崎喜兵衛から歓迎を受け、馳走でもてなされる。草津宿に泊まり、石山寺観音を参詣する。石山で大雨となるが、京都近江屋手代と江戸本町の山田屋兵三郎の出迎えを受ける。

山田屋兵三郎は**かつ**の二度目の夫で、青梅山田屋を継いだ人物であるが、この年はすでに江戸山田屋の当主となっている。なぜ兵三郎が京都にいたのか記されていないが、おそらく商用で来ていたのではないだろうか。兵三郎と舟に乗り膳所《ぜぜ》城を通り、大津へ向かい、三井寺《みいでら》でかつて江戸城西丸に奉公していた岩船を訪ねて会う。

五月二十七日、やっと京都に到着し、三条大橋際の茶屋久兵衛方を宿とする。翌日、近江屋治右衛門を訪ねる。この近江屋は山田屋に関係のある人物で、京都での滞在のサポートをしてくれる。「奥帳」の入金控に「京都東洞院六角下ル　近江屋治右衛門」の記載があることから、商売を介して兵三郎と付き合いがあったと思われる。

近江屋の次郎吉の案内で京都見物を開始する。西本願寺、東本願寺、知恩院などをめぐる。五月晦日はまた近江屋治右衛門宅へ行き、兵三郎と新町通の近江屋伝兵衛宅で昼を御馳走になる。それより近江屋の案内で二条城を通りより見て、妙心寺・北野天神・金閣寺・今宮神社・大徳寺と神社仏閣をめぐり、西陣織物の工房を見物する。六月一日は芝居見物。次に蚊帳屋喜兵衛という人物が登場し、またその案内で二日・三日と真如堂・南禅寺・永観堂・下鴨神社・銀閣寺・本能寺・三十三間堂・泉涌寺などを巡る。四日は近江屋伝兵衛の案内で、太秦《うずまさ》・天龍寺・渡月橋を渡り嵐山へ。清滝に泊まり、翌日は龍安寺・仁和寺を見て帰る。六日は知恩院へ「宮様の説法」を聞きに行き、七日は四条通りに家を借りて、御旅所《おたびしょ》へ入る祇園祭の神輿《みこし》を見物する。

八日には島原の茶屋で太夫《たゆう》道中を見物する。奥奉公している女中たちの休暇中の楽しみを描いた「宿下《やどさが》り楽双六《たのしみすごろく》」には、芝居や花見に加え「吉原」というマスがあるが、遊郭での遊興が男女を問わない娯楽であったことを知ることができる。

宿に来て勘定など色々と世話をしてくれた兵三郎は、九日に京都を出立する。江戸に戻ったのだろう。同じ日、八重と従者の亀吉は大坂へ出立し、彼らとはこの日で別れることとなる。たみと明石は治右衛門の案内で、小松谷(平重盛の屋敷があった場所)正林寺《しょうりんじ》の開帳を見て、清水寺にも参詣する。十日に髪を調え、改めて正林寺へ勧戒《かんかい》に行く。正林寺は浄土宗で、山田屋の菩提寺西念寺も浄土宗ではあるが、柳屋の菩提寺天寧寺は曹洞宗と宗派が異なる。

周りからは十四日の祇園祭を見物するよう勧められるが、十三日に京都を出立し宇治へ向かう。十四日平等院参詣、宇治のお茶を味わう。橋本に出て舟で大坂に向かい、大坂では堂島の呉服店街　大丸・三井・岩木・鴻池を回る。天保山海手茶屋から芝居見物に向かう。

ここで突然、金毘羅参りがしたくなり、すでに夜になっていたが舟に乗り、淡路島に立ち寄り、十八日夕方丸亀に上陸し、十九日金毘羅に行く。二日間滞在し、再び舟に乗り今度は姫路へ上陸し、同行している明石が行くことを希望した「御霊屋」へ立ち寄り、もう一度大坂の宿に帰る。

二十六日、堺を目指し、途中住吉大社などに寄る。岸和田城下、和歌山城下を見物し、紀三井寺に参詣、七月二日高野山女人堂へ到着する。和歌山から奈良へ向かい、飛鳥の聖徳太子誕生の地や春日大社を巡り、ようやく松坂、二見ヶ浦を経て伊勢に向かう。十四日に内宮《ないくう》、十五日に外宮《げくう》を参拝する。

その後はあまり寄り道をしないで、七月十九日、名古屋城下に到着し、尾張藩の下屋敷にいる昔の仲間に会う。江戸を出てからすでに三カ月近くも経っており、待ちくたびれ噂も止んでいたところに二人が現れたので、大笑いとなったという。

御下屋敷知空様へ上り候所、日々御待され、御暑さ強く御座候間、大かた江戸へすぐに帰り候事と御申し遊ばされ、大あきれはて候。人々待ちかねられ御待くたびれにてうわさもやみ候所へ二人にて上り(中略)大声大笑い致し。紫様も御親切様御世話様遊ばされ(後略)

たみと明石を迎え歓待してくれた知空と紫が、どのような人物か、いつから斉荘に仕え、どのような職制であったかを辿る材料はない。知空はその名前から、斉荘死後に隠居(剃髪)した者と思われる。

二十日、知空の案内で建中寺へ向かい斉荘の墓参をする。廟所の御門にうさぎの彫物があることに注目する。建中寺(現・名古屋市)は、尾張家二代光友が初代義直の菩提を弔うために建立した尾張徳川家の菩提寺で、江戸時代には歴代藩主の霊廟が置かれていた。しかし、現在、墓所は改葬され、二代光友の墓のみが残されている。

二十一日、知空・紫の案内で大須観音や熱田神宮など所々を参拝する。その後下屋敷に帰る二人と別れ、**たみ**と明石は東海道の宮宿《みやのしゅく》へ向かう。二人が予想したように短い名古屋滞在であった。

帰り道、箱根の関所で、一三代家定(この時はまだ世子)の再婚相手である寿明《すめ》姫を迎えに上洛する上﨟姉小路《あねのこうじ》一行にすれ違う。姉小路が丁重に扱われている様子を見た**たみ**は、それを自分の事のように誇らしく感じている。

一、八月朔日夜中より雨つよく降(中略)

この日は雨大振り、箱根の宿御本丸御上京の御年寄衆御のほり姉小路様・表使村瀬様・御使番《おつかいばん》御こな様・梅かえ様その外御役人様方御人払いにて、皆木に下座候。殊《こと》の外《ほか》大そう小田原様より御役人方御出にて、御通扱い御手重きに御座候。

同じ日、木賀《きが》宿の亀屋へ宿泊するが、雨に降りこめられやむなく長逗留となる。この宿で思いがけず旧知の「弁天橋御袋」、いづみ屋**てる**、所沢の酒屋三上家(柳屋の親戚で文右衛門の借金の時世話になった)の**りせ**に出会う。いろいろご馳走になり、よもやま話に興じ、箏・三味線・笛の合奏を楽しむ。

まるで日本橋品川町にいるような寛いだ時を過ごした、と**たみ**は記す。八月七日にやっと出立、松田観音・厚木・二子玉川・三軒茶屋と通り、青山で赤坂裏伝馬三丁目広島屋に駕籠を頼み、**たみ**と明石はそれぞれの家へ帰っていった。

ここで、**たみ**の旅を総括しておきたい。江戸時代に旅日記を残した女性は思いのほか多く、女性史の研究者である柴桂子氏は、二〇〇五年の時点で二二〇点の日記を確認している（柴、二〇〇五）。それから一七年経っているので、点数がもっと増えていることは、容易に推察できる。また**みの**のように書いたものが残っていない例もあることから、残存している旅日記は氷山の一角かもしれない。多くの人にとっては一生に一度のお伊勢参りであるので、むしろ記録を残す方が、一般的であったとも捉えられる。

たみの「道中日記」からは、街道の様子や旅の苦労・楽しさが窺い知れ、金銭の出納が中心の**ます**の「道中覚帳」（一五九頁）とは対照的である。**みの**は女手形を大奥から発行してもらっているが、町人は町奉行に発行を依頼する。**ます**の場合は後者といえるが、**たみ**については判断に迷う。

現代のわれわれは大概、帰る日を決めて旅に出る。江戸時代は徒歩中心であるので、日程は流動的になりがちだが、それにしても**たみ**の場合はより日程に拘束されていないといえる。おそらく、出発前に出発日とおおよその到着予定を記した手紙を、名古屋の知空へ送っていると考えられるが、それを大幅にオーバーして名古屋に到着したということになる。予定外に金毘羅に詣でているのも、その特徴である。

上方、特に京都では実にきめ細かく寺社や旧跡を訪れており、ここまで紹介したのは著名な寺院や特徴のある場所のみで、言うまでもなく全部ではない。

たみは時々駕籠を使っており、本陣に泊まるなど贅沢な旅といえる。もっとも本陣に関しては、一般の庶民も女性も泊まっている、と柴氏は指摘する。たみが帰宅一歩手前の青山で駕籠を雇い、家に戻っているのは、近所への体裁を繕うためだろうか。

巡った場所の特徴としては、城下町が目立つということである。江戸城大奥に奉公したことのある身としては、城下町に興味関心があったのかもしれない。また、商売の参考とするためか、京都では西陣、大坂では大丸・三井・岩木・鴻池という大店《おおだな》の呉服店を回っている。

たみの旅は知り合いに支えられている。奥奉公や商売で培った人脈が活きており、初めて会ったと思われる人にも親切にしてもらっている。現在の感覚からすると声を掛けるのをためらうような希薄な関係でも、互いに遠慮なく支え合う様子が見て取れる。

「貴人」に愛されたたみ

徳雅は養母みのを「貴人に寵愛せられて」と評しているが、たみもまた「貴人」に可愛がられ、その懐に飛び込むのが巧みであったといえる。

たみは、天保十年(一八三九)に尾張家を相続した徳川斉荘への御機嫌伺いに、尾張家上屋敷を訪れている。斉荘及び斉荘正室で田安斉匡《なりまさ》息女猶姫付の女中は、そのまま田安家から尾張家へ引き移り、職制が上の者は主の死去まで仕えている（畑、二〇〇九）。

弘化二年（一八四五）十月に、斉荘死去に伴う形見分けとして、生母速成院より、斉荘の和歌を記した懐紙がたみに贈られた。由緒書によると、もともと速成院が所持していた物とある。さらに、この懐紙は斉荘が尾張在国中の天保十四年に長良川の鵜飼いを見物し詠んだ直筆であることが、速成院の弟興津《おきつ》素有が記した箱裏書よりわかる。また、尾張家からは「桐丸火鉢」を弘化二年十月にたみは拝領している。拝領の年月より、やはり斉荘の形見分けと考えられる。

ところで、寛政の改革を行った老中松平定信の形見分け帳にあたる「文政己丑御遺物帳写」が残されている。それを見ると、定信の遺品は、自分の御付女中だけでなく、夫人付など同家内の者、実家の田安家、同じ御三卿の一橋家とかなり広範囲の奥女中に譲られている。しかし、その職制を見ると御側《おそば》以上で、基本的には現役の女中と比丘尼《びくに》となった元女中が対象といえる。一方、「奥廻りの品」と言われるものがまとめて奥へ廻され、定信の継室であった至誠院の思召《おぼしめ》しで、

岐阜の里長良河原にて
鵜つかふわさを見しに
誠に興ある事言葉にハのへ
かたし其時の歌に
斉荘
思ひきや長良川原に
宵やミもしらぬ
鵜舟の数を見んとハ
めつらしやわか東には
なから川　うふね乃篝
そらに棚引

図21　徳川斉荘懐紙（個人蔵，写真提供：青梅市郷土博物館）

格別懇意であった御付女中などへも譲られた。これは「記さず」とあることから、名前は一覧にはない。

たみがどのような手順を経て、尾張家から斉荘の遺品を受け取ったかはわからない。**たみ**が文政八年(一八二五)に江戸に出て御殿向の商売を始めた時、最初に頼ったのはおそらく斉荘のいた田安家で、馴染みの斉荘付女中に仕事を依頼したと推察できる。その後、斉荘が尾張藩主となると、尾張家にも出入りを許され、商売のため足しげく通ったであろう。奉公年数は短いが、**たみ**は遺品を譲られる「格別懇意」の者に当たったと考えられる。

嘉永五年(一八五二)に没した速成院からは、「萬年茸　畳物」(萬年茸と赤銅製の笹の葉を木製の岩の上に挿した置物)を拝領している。

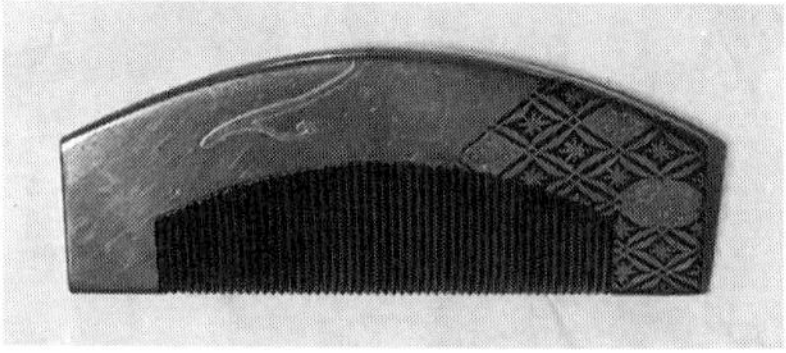

図22　たみが遺した蒔絵の櫛(個人蔵，筆者撮影)

たみは維新期に江戸の店をたたみ、青梅へ戻っている。帰った時期ははっきりしないが、山田屋黒田家九世兵三郎の遺児である庄助が青梅にたどり着いた時には、すでに戻っているので、慶応四年(一八六八)よりは少し前かもしれない。柳屋小林家には**たみ**の遺品として、何本もの鼈甲《べっこう》の櫛・笄や、銘のある蒔絵の櫛などが残されている。また、商売用と思われる白綸子《りんず》に刺繍を施した上等な端切れも見つかった。どのような呉服物を扱っていたかは、次節の**かつ**の項を参照されたい。

たみは明治七年(一八七四)七月二十三日、八一歳で死去し、青梅天寧寺(戒名は琴室妙音大姉)に葬られた。

5　家付き娘たちの生き方

徳雅の父知真《ともざね》が青梅に移住した後に興した青梅山田屋では、男子は養子に出るなどして、後継ぎとならなかった。そのため、娘や養女が婿を取り、家を守り、商売を続けていくことになる。そのような女性、「家付き娘」たちの生き方についても見ていきたい。

ます、青梅山田屋を守る

知真には男子が何人かいたが、徳雅の姉**ます**（宝暦十二〈一七六二〉―天保六〈一八三五〉）が青梅山田屋を継ぐことになったいきさつは、次のようなものである。

安永九年（一七八〇）、西国三十三番札所の巡礼から帰宅した知真は、その後剃髪して名も鉄真と改め出家してしまった。その跡は次男団八が継ぐ予定であったと思われるが、二年後の天明二年（一七八二）、団八は一六歳で死去してしまう。三男孫次郎（文右衛門）はまだ一三歳で、修行のため江戸に出て、大伝馬町松屋善五郎へ奉公したばかりだった。もしかしたら、知真は男子たちには江戸で自分の力を試し、活躍してもらいたい、と思っていたかもしれない。

そこで翌三年、庄内藩酒井家の分家である出羽松山藩酒井《さかい》家（当時の藩主は酒井忠休《ただよし》）へ奉公に出ていた**ます**に、急遽暇《いとま》を取らせて、青梅本町野口長右衛門の次男久次郎を婿に迎える。**ます**二二歳の時である。**ます**が何歳の時、どのような伝手で酒井家に奉公に上がったか不明であるが、息子知真を心配し孫たちを可愛がっていた**とよ**が関与していた可能性も排除できない。

ますと久次郎は力を合わせ、織物商売も次第に繁昌していった。しかしそれは一時的なもので、六、七年経つと久次郎の経営は思わしくなくなる。やがて、久次郎は病気となり、寛政十一年（一七九九）正月、四二歳で病死してしまった。その上、二人の間にできた女児は早世してしまう。

三八歳で後家となった**ます**は、仕立て物や織物をして一人で細々と家を守っていく。二人の弟、文右衛門と徳雅も**ます**を援助した。早くに母を亡くした徳雅にとっては、青梅山田屋を継いだ姉**ます**は、母替わりともいえる存在だった。

江戸に出て奉公したますとらく（せや）

文化元年（一八〇四）に**ます**は、柳屋徳左衛門と**るい**の三女**らく**（天明三〈一七八三〉―天保十四〈一八四三〉）を養女とした。**らく**の長姉**ふさ**は文右衛門の妻、次姉**なか**は徳雅の妻であり、**ます**からすれば、弟たちの妻の妹を養女としたことになる。**らく**に同じ森下町の田中佐兵衛の次男を婿に取り、山田屋庄兵衛と改名させて青梅山田屋を継承させた。庄兵衛は青梅縞の販売を生業とした。

文化四年二人の間に女子**かつ**（幼名きく）が生まれる。ところが同十一年、**らく**の懐妊中に庄兵衛は死去してしまう。四十九日の後、**らく**は男子幸次郎を安産する。

柳屋の**るい**、青梅山田屋の**ます**・**らく**の三人は、相談して江戸に出て徳雅の元に厄介になる。子供を産んだばかりで乳が出た**らく**は、松平縫殿頭《ぬいどのかみ》（松平乗羨《のりよし》、三河国奥殿《おくとの》藩六代藩主）へ乳奉公（乳を与えるために奉公すること）に、**ます**は西丸（家慶付）老女花山の部屋へ縫針奉公（裁縫を専門にする奉公）にでる。**ます**は後家となってから仕立物に精を出していたので、腕に自信があったのだろう。徳雅が大奥御次御用を養子庄五郎に譲るのは文政十一年（一八二八）なので、二人の奉公はおそらく徳雅が斡旋したと思われる。一人残った**るい**は孫幸次郎を養育するため、青梅に戻った。

ますは三年余り仕えた後に下がり、徳雅の元に逗留しながら、深川木場の金屋徳兵衛などから頼まれた縫い仕事に精を出していた。文政二年閏四月には、徳雅の妻**かよ**らとともに上方旅行に出かける。第二章でも述べたが、文政四年四月**かよ**との離縁後、徳雅は山田屋の奥の差配を姉**ます**に依頼する。

らくは松平縫殿頭に乳奉公へ出た後、**せや**という女中名で岡野備中守の屋敷で「局役《つぼねやく》」として奉公している。岡野備中守は麴町天神下に約二三〇〇坪の屋敷を持つ、三〇〇〇石の旗本である。この岡野家の系譜を辿っていくと、興味深い人物にたどり着いた。

せやが仕えていた岡野備中守は知英《ともふさ》で、文政元年に家督を相続し、御小納戸《おこなんど》から小姓になる。天保七年（一八三六）には小姓頭取《とうどり》介に出世するが、それ以降は**せや**が奉公を辞しているので省略したい。知英の二代前の当主、つまり祖父の知暁《ともさと》は、家斉政権初期の御留守居《おるすい》（大奥を統括する役職）で、淑姫《ひでひめ》誕生の箆刀《へらかたな》役を務めている。知暁の長男で後を継いだ知鄰《ともちか》は、一橋家家老や御側を歴任した。そして、次男は沼津藩水野家へ養子に入り、後に老中となる水野忠成《ただあきら》である。

水野忠成は川柳に「水野出て　元の田沼と　なりにけり」と風刺され、文政元年に老中に就任してからは、家斉政権の中枢に位置し、賄賂を受け内願の窓口となり、権勢をふるった人物である。岡野家はこの忠成の実家で、知英は甥にあたる。**せや**は天保三年に奉公一一年目とあるので、文政四年頃に岡野家に上がったといえる。松平家への出仕は乳奉公だったので、短ければ数カ月、長くても数年であろうから、岡野家に上がるまでの間に空白が生じる。**せや**はどのような伝手で岡野家に入ったのだろうか。徳雅が意図して上げたとなれば、なかなかの策士といえるが、「永久田家務本傳」にはその経緯は記されていない。

せやは「局役」であったと記されるが、江戸城大奥において「局」には二つの意味がある。一つは部屋方女中のまとめ役で、花町の局の三浦がそれにあたる。もう一つが御台《みだい》や御簾中《ごれんちゅう》など女性の主《あるじ》に付く者で、老女のうち一人が局の役に付く。御台寔子《ただこ》付老女藤崎が局となっている。幕末に天璋院《てんしょういん》付局となった幾島《いくしま》はつとに有名である。

せやが仕える岡野家は旗本であるので組織に違いはあるが、「局」の意味は後者と推測できる。職を辞す時の記事から、**せや**は奥方付で、「御あとの事をすませられ候てかわりの御局勤候人を置候て」とあり、後任を定めて辞めていることがわかる。つまり、**せや**は奥方の意を受けて、岡野家の奥向を取り仕切る立場にあったといえる。

ます・かよの上方旅行

女性の旅としては、すでに**みの**と**たみ**の上方旅行を紹介した。この二つの旅は単なる行楽旅行ではなく、それぞれ目的があった。
ここで紹介するのは、文政二年（一八一九）のます（徳雅姉）、かよ（徳雅妻）、いよ（金沢屋近くの秋田屋の女性でかよの友）といよの御供、金沢屋伊兵衛（かよ弟）の五人の上方旅行である。この旅の模様はますが残した記録より窺い知ることができるが、旅の主役はかよである。かよは商売の御用と花町の実母への用を兼ねて京都へ行くこととなった。そのついでに、京・大坂を見物したい旨を徳雅に伝えると、ますも同行したいと言ったので、徳雅はそれを認めたと「永久田家務本傳」にある。

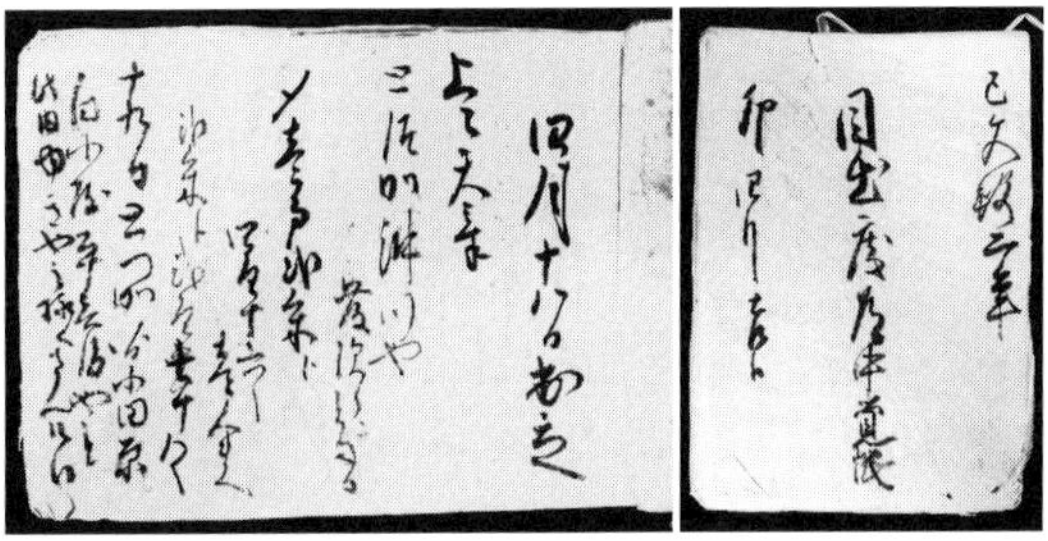

図23　ますの道中記「目出度道中覚帳」（青梅市郷土博物館蔵）

ますの旅の記録は、標題に「目出度道中覚帳」とあるもの（図23）が二冊、「道中覚帳」と題されたものが一冊の計三冊で、裏表紙に「ます」と記載されている。金銭の支出、行程、宿、立ち寄った名所旧跡を記すだけの簡易な記録で、それ故に覚帳なのだろう。

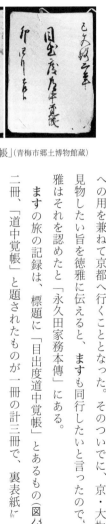

三冊はそれぞれ、若干重複するところがある。四月十八日に江戸を発ち、最後が尻切れトンボで終わっていて、正確な日付けはわからないが、六月十二、十三日頃に戻ってきていると思われる。文政二年は閏四月があるので、約三カ月の旅である。

行きに東海道、帰りに中山道を利用する典型的な旅である。大井川の川留めも一日で済み、さほど寄り道をせずに毎日順調に歩みを進め、一六日間で四日市まで至る。そこから伊勢路に入り、松坂では**たみ**も泊まった大和屋与兵衛を宿とする。閏四月七日、伊勢妙見町に入り、十五社又兵衛を宿とし、数日滞在し内宮などを巡る。再び松坂に戻ると参宮表街道を通り青山峠を越え、榛原《はいばら》に至り、室生寺《むろうじ》を参詣する。奈良(大和国)へ入り、これより神社仏閣をはじめとした名所巡りが開始される。吉野山まで足を延ばし、そこから高野山へ抜け参詣する。当時、高野山から大坂へ向かうコースは二つあり、一つは紀見峠を越え堺から大坂に入るもの。もう一つが**ます**たちが選択したコースで、和歌山城下に入り、紀三井寺、和歌の浦など名所を散策している。

閏四月二十七日には大坂に到着して、河内屋又六を宿として二十九日まで滞在する。**ます**は大坂まで三両二朱使ったと記す。淀川を舟で遡り伏見に出て、京都に到着するのは五月一日である。京都では三条の大和屋平五郎に泊まるが、これは**たみ**とは違う宿である。

京都に入ると、三日には花町の実家倉橋家を訪れ、花町からの用事を済ませる。翌日は**ちせん**という恐らくは剃髪者の女性と会い、馳走の接待を受ける。**ちせん**は花町と同じ寔子付上﨟梅渓《うめたに》の部屋方である佐川の妹であると記す。加茂競馬見物の際は、倉橋家が弁当を用意してくれ、**ちせん**の案内で御所と仙洞《せんとう》御所の庭を拝見している。前にも述べたが、御所を訪れることを「禁裏参り」と称し、京都での見学コースに多くの旅行者が取り入れている。このように**ます**・**かよ**一行は大奥との人脈を活かし、京都旅行を楽しむことができている。

京を発つ少し前に六条の土御門《つちみかど》家に寄っている。土御門家に養子に入った花町の兄泰栄はすでに亡くなっているが、付き合いは続いていたのだろう。また、一行は島原を見物しているが、それについては、**たみ**のところで述べたので割愛する。

五月十一日朝に京都を発ち、草津から中山道に入り、木曽路を行く。峠も多くしばしば駕籠を使ったとの記載が見られる。信州に入って善光寺に寄り参詣する。これも当時の旅によく見られる傾向である。上州に入ると伊香保温泉に三日間滞在し、周辺を見物している。伊香保での湯治は**みの**も**たみ**も行っている。宿の記載は**たみ**の道中記にしかないため検証ができないが、伊香保に山田屋の定宿があったのかもしれない。

何を典型と評するかは難しいが、**ます**の旅は類型化できる部類に入る。「上方周遊型」といわれるもので、伊勢参宮の後、奈良・大坂・京都の三都市の神社仏閣・名所を巡る。この時、**たみ**のように讃岐の金毘羅まで足を延ばすパターンもあるが、**ます**は寄っていない。帰りは中山道を通り善光寺に立ち寄り、温泉で数日滞在して江戸に戻っている。温泉は伊香保の他、浅間にも寄っている。いわゆる湯治ではなく、旅行ついでの観光といえる。

女性の旅の特徴として、四〇代・五〇代の中年になってからで、男性の供連れがいることが挙げられる。この特徴は**ます**に限らず、**みの**や**たみ**にも当てはまる。旅に出た時、**ます**は五八歳、**みの**は四九歳、**たみ**は五七歳である。これくらいの年齢になると、金銭的に余裕ができ、家政から解放されることが理由といえるが、これは女性に限ったことではない。一方で、結婚前の娘に、伊勢参宮をさせる習慣のある地域もあった。

徳雅は旅費の足しにと妻**かよ**に七両、姉**ます**に三両を渡し、さらに二人の路用金を大坂の知り合いへ送っている。不足分は彼女らが当然、自分の懐より出したのだろう。婿の死後、青梅山田屋の経営を担っていた**ます**、結婚前に奥奉公をし、山田屋の商売も手伝っていた**かよ**は、余裕のある貯えを持っていたと考えられる。

青梅山田屋の期待かつ

らく（せや）の娘**かつ**（文化四〈一八〇七〉―元治元〈一八六四〉）は、柳屋の祖母**るい**の手元で、青梅で育った。一一歳の春、つまり文化十四年（一八一七）に江戸に出て、徳雅の元に逗留して、手習いや三味線の稽古にいそしんでいる。文政六年（一八二三）春には**るい**が青梅から出てきて、ゆっくり逗留して、**ます**や**かつ**とともに築地本願寺の霊宝開帳や深川八幡の開帳を参詣して、向島の武蔵屋で昼食を取り、吉原桜などを見物している。

夏に入り七月初めに、**るい**は体調を崩す。医師には大したことはないと言われたが、心配した徳雅が付き添い、駕籠で所沢の三上家まで送った。翌文政七年夏またも体調を崩した**るい**を、徳雅は青梅に見舞う。その後、**るい**にとってはやはり孫にあたる徳雅の嫡男和三郎も祖母を見舞うが、同年九月十一日、七三歳で死去する。

るいが徳雅の元にいた文政六年、一七歳になった**かつ**は、本丸大奥火の番**かほる**を世話親に、家斉の四八男富八郎の御《お》末並子《すえなみこ》供《ども》として召し出され、**かなめ**と女中名を付けられる。富八郎早世後、家斉の御末並となり、七年ほど仕える。

青梅山田屋の後継ぎであった幸次郎が一三歳で死去したのち、天保二年(一八三一)に、七〇歳になった**ます**は、**かつ**に婿を取り跡を継がせるため、奉公の暇を願い出させる。翌年二月、飯能《はんのう》の源七を**かつ**の婿に取り、婚礼を挙げる。青梅の家は長いこと人が住んでいなかったため大破していたので、徳雅が金五九両を出し修復する。源七は青梅山田屋四世を継ぎ、庄兵衛と改名する。

図24 「江戸高名会亭尽 牛島 武蔵屋」(国立歴史民俗博物館蔵)
川魚料理で知られた向島の武蔵屋の数寄を凝らした庭を描いている.

娘**かつ**に婿を取るに当たり、婿となる庄兵衛は旗本岡野家の屋敷の口向《くちむき》(朝廷において金銭・米穀の出納、調度品の調達を行う場所をさすが、武家屋敷でも使用していることがわかる)まで出向き、**かつ**の母である**せや**(**らく**)に対面したという。
庄兵衛には青梅・飯能・五日市あたりより出る古着・織物類を売らせて様子を見ていたが、「木性愚昧にて癇癖を起こす我儘」なため、**かつ**も困り離縁話も出た。しかし、天保五年十一月、庄兵衛より祖母**ます**、山田屋庄左衛門徳雅、柳屋文右衛門宛に「一札」を入れ、いったん落ち着く。「永久田家務本傳」にはその全文が載せられており、わがままを控え、市《いち》の立つ日は早起きをして仕事に励む、と誓っている。

同じく天保五年十一月、江戸の山田屋では召使の子が疫病に罹り、暮れには徳雅の家族にも蔓延したが、**ます**は元気にしていた。**かつ**に婿を取った後も、**ます**は青梅に戻らず、江戸の徳雅の元にいたことがわかる。しかし、翌六年正月元日の夕方より発熱した**ます**は、数日後の八日に七四歳で病死した。

ますが病に倒れると、奉公中の**せや**は、岡野家の医師を見舞いに遣わし、青梅からは**かつ**と弟文右衛門も駆け付けた。**ます**は江戸山田屋で死去し、西念寺で火葬され、二月に青梅天寧寺に送られ本葬が行われた(戒名は西岸院蓮室華開大姉)。

天保七年二月、**せや**は主である岡野備中守知英奥方の逝去により、首尾よく暇を取り、徳雅の元に下がり、しばらくゆっくりした後、青梅で暮らす娘**かつ**の元に戻った。**せや**という女中名を、辞めた後もそのまま実名としたかは定かではないが、徳雅は**せや**と記載し続けている。

それからわずか一年後の天保八年二月に、**かつ**の婿・庄兵衛を離別することになる。前回離縁話の出た天保五年も今回も、離縁は庄兵衛からの申し出によるものと記されている。**ます**の死後、その衣類を勝手に質に入れたり、夜は博打に出かけたりする行動を確かめ、今回は離縁を決める。

そこで、青梅山田屋はいったん戸を閉ざし、**かつ**は江戸に出て**たみ**を助け、**せや**は柳屋に戻り実の姉**ふさ**の看病をすることになる。離別の決定やその後の差配は徳雅が中心となって行っていることが、

「永久田家務本傳」よりわかる。

当初、**せや**は**かつ**とともに手仕事をしながら、細々と青梅山田屋を守っていっても良いという考えだった。大都市江戸で、政権の主流に位置し来訪者も多かったであろう旗本屋敷で、多くの人を差配していた華やかな暮らしとは一変したのである。**せや**は環境の変化に対応できるバネのあるしなやかな性格の持ち主であった、と推察できる。

江戸山田屋を継いだかつ

庄兵衛と離縁した**かつ**が天保九年(一八三八)に兵三郎と再婚し、江戸山田屋八世庄左衛門愛女《ちかゆす》が嘉永元年(一八四八)に死去した後、兵三郎が九世となったことについてはすでに説明した。少し補足すると、兵三郎は**せや**の従兄弟である大宮宿の川喜多善兵衛に奉公しており、奉公中の態度もまじめということで婿として迎えられた。今回は失敗できないということで、母親である**せや**もよく人物を吟味したといえる。

裏表紙に「山田屋嘉津」とあることから、**かつ**が記したものとわかる「萬覚帳」は、嘉永二年正月から安政二年頃までの金銭の出入りや呉服物取引などの記録である。これは**かつ**が**たみ**を助けて行っていた商売の記録で、そこには夫の兵三郎は関与していなかったと考えられる。

帳面に記載された御殿や奥女中の名前を書きだすと、ある傾向が見えてきた。御客応答《おきゃくあしらい》袖沢を筆頭に、佐川(御錠口《おじょうぐち》)、林左(御伽坊主《おとぎぼうず》)、園梅(仲居《なかい》)、妻絹(仲居格使番《かくつかいばん》)、八汐(火之番)、小芝・露秋・槙の戸(御使番)と、分限帳で確認できた江戸城大奥の女中は全員家定付である。家定が将軍となり本丸に移るのは嘉永六年十月であり、嘉永二年の段階では西丸女中である。ここからは想像をたくましくすると、柳屋は両丸出入の鑑札を受けているが、本丸を**たみ**が、西丸を**かつ**が受け持ったのではないだろうか。

屋敷名としては一橋家と「龍《たつ》の口《くち》」が出てくる。一橋家では**にしきぎ**(錦木)という女中名が確認できた。「龍の口」は姫路藩酒井家の上屋敷のある場所で、「萬覚帳」では晴光院御住居を指している。晴光院は家斉息女で酒井忠学《ただのり》の正室である。龍の口女中として数名の名前が出てくるが、分限帳と一致するのは**かる茂**(晴光院付御使番)のみである。**たみ**が御用を請けていた御守殿《ごしゅでん》・御住居《おすまい》のうち(一四二頁)、この時まだ残っているのは、松栄院(浅姫、越前松平家)、末姫(広島藩浅野家)、晴光院(姫路藩酒井家)、誠順院(一橋家)であり、やはり**かつ**と**たみ**とで、屋敷や人ごとに分担していたのではないだろうか。

次に**かつ**と**たみ**との関係を見ていこう。**たみ**から仕立代の入金がある旨が「萬覚帳」に見え、**かつ**が仕立てたものを**たみ**が仕入れていたことがわかる。同様に「柳文」よりも入金があることから、**たみ**の長男で柳屋を継いでいた文右衛門(利太郎・利右衛門)も江戸で活動していたことがうかがえる。さらに「萬覚帳」には「品川丁　たみ吉様」という頁があり、小紋縮緬《こもんちりめん》小袖《こそで》・綾織《あやおり》鼠紋《ねずみもん》付袷《あわせ》・小紋縮緬下着・白浮織《うきおり》小袖・米沢糸織小袖袷・青梅縞単《ひとえ》・黒八丈《くろはちじょう》小袖など取引のある呉服商品の記載がある。

かつが特に懇意にしていたのが家定付仲居の園梅で、呉服類だけでなく油や酒も納めている。園梅の宿元は赤坂新町の伊勢屋茂兵衛である。赤坂新町と徳雅が住む赤坂裏伝馬町は近所であり、山田屋と伊勢屋は付き合いがあったのかもしれない。

かつが園梅に納めている呉服物は、黒浮織小袖・中色模様帷子《かたびら》・嶋すきや（透綾）・黒八丈丸帯など、木綿ではなく絹が大部分であることから、大奥では仲居クラスでも絹を着ていたことがわかる。

6　奥奉公した女性たち

「はじめに」でも述べたが、女性が江戸城大奥や江戸市中の大名・旗本屋敷の奥向で働くことを、奥奉公・御殿奉公などといった。彼女らは長局という御殿の中の空間に住み、奥女中・大奥女中・御殿女中、または単に女中と呼ばれた。

参勤交代制度により、大名が幕府から屋敷を拝領したことにより、膨大な数の武家屋敷が江戸市中に出現した。さらに江戸には旗本・御家人ら幕臣の屋敷も数多あった。近世の社会史・女性史を専門とする大口勇次郎氏は、江戸後期には「武家に仕える女性奉公人は、上は将軍家から下は御家人まで含めると（中略）、少なく見積もっても江戸市中でおおよそ二〜三万人におよぶ女性奉公人の労働市場が存在したことになろう」と述べている（大口、二〇一九）。

これにより、奥奉公の需要が高まり、奥女中を目指す者だけでなく、広く江戸市中や近郊農村の女性たちの教育レベルが引き上げられる要因となった。奥女中となるには、読み書き、和歌、遊芸（三味線・箏・浄瑠璃・踊りなど）の素養が必要であるといわれてきたが、算用も強力な武器になることが、「永久田家務本傳」を読み込んでわかってきた。

次に、具体的に**表7**「大奥・武家に奉公した山田屋ゆかりの女性」と**表4**（一二二頁）から浮かび上がることをまとめておこう。奉公の伝手・奉公先・奉公の時期・奉公年数などを分析していきたい。まず、奉公の伝手であるが、奉公が先か御用が先かの議論はあるが、岡崎屋や山田屋など御用商人は、御用先という伝手を持っていることになる。特に山田屋は御次御用を請け負っており、得意先は上等な道具類（漆器など）を必要とする、職制が上位の奥女中たちである。彼女らは採用権も持っており、強力な伝手といえる。

奉公経験者の女性は、元の奉公先との人脈があるため、斡旋を頼まれることが多い。**みの**のように自ら積極的に動く女性もいる。また、新たな御用先の発掘や、現在御用達となっている所との関係を継続するためには、奉公経験者を妻としたり、娘などを女中として送り込み関係を継続することが有効である。山田屋の場合、二世長珍《ながよし》から七世祥愛《よしちか》まで全員が奉公経験者を妻としている（徳雅の後妻を除く）。江戸山田屋は娘が非常に少ないことから、その傾向を探ることはできないが、青梅の山田屋・柳屋では積極的に娘たちを奉公に出しており、彼女ら自身も奥女中となることを希望している。

しかし、すべての商家が娘を奥奉公へ上げることに熱心だったわけではない。江戸で商いをする場合、武家と取り引きがまったくない商売は数少ないと考えられるが、武家が顧客として重要なウエイ

表7　大奥・武家に奉公した山田屋ゆかりの女性

	名	父親 (幼名・別名など)	夫など	奉公先(女中名) ●＝離縁・死別後	生～没年 (享年)
1	とよ	岡崎屋5世長谷川四郎兵衛	黒田長珍	竹姫御守殿(島津家)	宝永5～寛政12(93)
2	つね	柳屋3世小林四郎兵衛	黒田知真	竹姫御守殿(島津家)	元文3～安永4(38)
3	かう	四谷荒木横丁植木屋	黒田喜雅	紀州徳川家	～明和5
4	まさ	四谷荒木横丁植木屋(かう妹)	黒田喜雅	紀州徳川家	
5	みの	難波町柳屋七郎左衛門(しつ)	黒田喜雅	尾張徳川家	延享1～文化6(66)
6	ねん	難波町柳屋七郎左衛門(べん)		本丸大奥，寔子付御茶之間	寛延2～文化5(60)
7	ます	黒田知真	久次郎	出羽松山藩酒井家 ●西丸大奥，老女花山部屋に縫針	宝暦12～天保6(74)
8	みよ	住吉町髪結床株持伊兵衛(智誓尼)	黒田勝五郎	純姫(上杉家屋敷内)に踊り奉公	明和8～
9	なか	柳屋5世小林徳左衛門	黒田徳雅	旗本市橋家→本丸大奥，上臈花町部屋方	安永6～文化1(28)
10	かよ	神田永冨町金沢屋伊兵衛	黒田徳雅	淑姫御守殿(尾張家) ●本丸大奥(ぬん)	～天保14
11	らく	柳屋5世小林徳左衛門(なか妹)	ます養女	●松平縫殿頭へ御乳奉公→岡野備中守局役(せや)	天明3～天保14(61)
12	くめ	黒田勝五郎(ため)　徳雅養女	黒田正矩	本丸大奥子供(歌次)→寔子付御茶之間(くん)	寛政3～
13	たみ	柳屋6世小林文右衛門(ふき)	要助	本丸大奥，要之丞(徳川斉荘)付御半下(民弥)	寛政6～明治7(81)
14	かつ	青梅山田屋3世庄兵衛(きく)	黒田兵三郎	家斉48男富八郎付御末並子供→家斉付御末並(かなめ)	文化4～元治1(58)
15	やす	深川入舟町遠州屋五郎右衛門	黒田祥愛	伊予松山藩松平家	～万延1

(享年は数え年)

トを占めるかどうかと、奥奉公に出す・出さないの判断との相関関係については、さらに事例を積み重ねて検討しなくてはならない。武家の場合も、奥女中を出す家は、何代にもわたり娘を奉公させているが、出さない家は妻も含め奉公経験者が全くいない例も多々ある。

奉公先は当然、奉公の伝手と関連する。江戸城大奥の御用を請けていた山田屋の伝手で奉公に上がった者のうち、6・12・13・14（数字は**表7**による）、F（英字は**表4**による）は幕府に雇われる直《じか》の奉公人で、家斉の子女や御台寔子に仕えている。Fを除き勤め先は本丸大奥である。嘉永七年の家定付女中（「稲生《いのう》家分限帳」）をみると、一八五人中三二人の宿元が町人・百姓である。全体の割合としては決して多くないが、その中でのトップは御末頭《おすえがしら》で、それ以下の人数で計算すると八〇人中三一人となり、四割ほどを占めていることになる。従って、町人・百姓の娘が幕府に雇われることは、それほど狭き門ではなかったといえる。

次に、女中が自分の扶持《ふち》で雇う部屋方《へやかた》として奉公しているケースは、7・9・B・Gである。旦那（雇い主）は老女や中年寄で、部屋方ではあるが勤務先は江戸城大奥であるから、体面は保たれる。やはり、大名や旗本の屋敷よりも江戸城大奥に勤めて「御城に上がる」ということが、周囲に対して自慢となったのではないだろうか。それ以外も、奉公先は御守殿、御三家、御三家の姫で、徳川家の一族である。

竹姫御守殿に関しては奉公のほうが先で、**とよ**の尽力によって御用を獲得している。

奉公に出た時期は、数名の例外を除けばほとんどが結婚前の一時期で、子供を産むことができる年齢で暇を取り、結婚をしている。いわゆる教養や作法を身につける花嫁修業として奉公を利用しており、奉公年数は一様に短い。**みの**に関しては、結婚時の年齢が高いことから、よい縁組先が見つからなければ、奉公を継続していたのかもしれない。

本書に登場する女性のうち、「一生奉公」をしているのは、**みの**の妹**ねん**のみである。以前、貞慎院(徳川斉荘正室)付女中について考察した際も、職制の下の者の奉公年数は短く、入れ替わりが頻繁であることを導き出している〔畑、二〇〇九〕。**ねん**に関しては疑問が一つある。前にも述べたが、**みの**と**ねん**が江戸城大奥へ奉公に上がった年は不明であるが、山田屋四世喜雅を宿元としているので、喜雅が結婚した後と考えるのが自然である。そうなると年齢は三一歳になっており、それ以前に結婚を経験している可能性も出てくる。

夫との死別・離縁後に奉公に出ているのは三人で、**ます**と**かよ**は結婚前にも奉公をしている。**ます**が再度奉公に出た年齢は五三歳と高いが、「縫針《ぬいはり》(針仕事)」という特殊技能で採用されている。大名家でも裁縫を行う者は、一般的な奥女中とは別に採用することが多い。**ます**は婿たちが早世した後、自ら仕立物をして青梅山田屋を支えており、腕に自信があったといえる。**かよ**については、離縁後に奉公したのは確かだが、「永久田家務本傳目録」では**かよ**が大奥への奉公を希望したことが離縁の原因、と取れる書き方をしている。

赤子に乳をあげる「乳持《ちちもち》」については、需要と供給のバランスでいえば、常に供給が不足しており、**せや**が「御乳」奉公に出ることは、容易であったといえる。**せや**が結婚前に奉公していたという記録はないが、旗本の家とはいえ局役まで務めたとなると、やはり若いころに奉公を経験していたのではないかと思えてくる。

本書では御次御用の実態を解明することに加え、それに関与した女性の生き方にも焦点を当てた。山田屋やその周辺の家の女性たちは、家のためという事情もあるが、自ら積極的に望んで奉公に出ていることがわかる。奥女中としても商売人としても優秀な者がおり、自らの才能や手に職を持つことによって、今でいえば自立して生きるすべを身に付けている。

一方で、「永久田家務本傳」を見ると、家長としての徳雅の考えが優先され、青梅山田屋の方向性が決められていること、女性たちがそれに従っている様子も見て取れる。親族の結束が強く、地域との結びつきを大事にし、男女の役割のバランスがとられ、支え合って暮らしていることが理解できる。

現在は核家族化が進み、筆者のような単身者も急増している。認知機能や身体機能が低下した後の生活に対する不安は尽きない。日本語の「家族」という言葉は明治時代以降、主に使われ出したもので、江戸時代は「親類書」といった言葉からもわかるように親類・遠類などと表現されていた。

自分自身も含め、現代人が煩わしい関係を排除していった結果、親族や地縁による結びつきが希薄になり、いわゆる共助が極端に小さくなってしまったのが今である。それが、様々な社会問題の要因となって噴出している。しかし、今さら、江戸時代のような人間関係には戻れないので、知恵を出し合っていくしかない。

山田屋略年譜

元号年	西暦	事項
享保九	一七二四	一〇月、初世黒田信成死去
一三	一七二八	三月、二世古由死去。偽筆事件起こる
一五	一七三〇	長珍、とよ(岡崎屋五世四郎兵衛娘)と結婚
一九	一七三四	知真生まれる
元文四	一七三九	喜雅生まれる
宝暦四	一七五四	知真、つね(柳屋三世四郎兵衛娘)と結婚、四世当主となる
八	一七五八	喜雅、他家を継がず自立して同じ家業を始める
一〇	一七六〇	知真、科を蒙る
一一	一七六一	喜雅、両親を引き取る
		四月、知真、江戸所払いとなり妻つねの実家柳屋を頼り青梅に行き、青梅山田屋を興し、古着絹布類の商売を始める
一二	一七六二	知真、長女ます生まれる
一三	一七六三	三月、柳屋四世仁兵衛死去

		山田屋、この頃竹姫御守殿御用を請けるようになる
明和二	一七六五	喜雅、かう(四谷荒木横町植木屋娘)と結婚
三	一七六六	七月、長珍死去。喜雅、五世庄左衛門と改名
五	一七六八	一〇月、喜雅、嫡男勝五郎生まれる。産後の肥立ち悪くかう死去
六	一七六九	一〇月、竹姫付老女岡田死去。江戸時代最初の狂歌会四谷で開催される
七	一七七〇	一二月、文右衛門(柳屋六世)生まれる
八	一七七一	喜雅、かう妹まさと再婚
安永一	一七七二	(明和九年)二月、目黒行人坂火災。一一月改元
		一二月、竹姫逝去
二	一七七三	五月、徳雅生まれる
四	一七七五	二月、つね死去。徳雅疱瘡を済ます。喜雅、後妻まさと離婚
八	一七七九	知真、母とよを青梅に迎える
		喜雅、みの(難波町高野七郎左衛門娘)と再々婚
九	一七八〇	三月、とよ、江戸に帰るとき徳雅を連れていく、叔父喜雅宅に逗留
		喜雅伊勢参宮、旅の途中で病気になる
天明一	一七八一	閏五月、家斉、将軍世子として江戸城西丸に入る。九月、寔子、西丸に入る
二	一七八二	正月、文右衛門、江戸大伝馬町松屋善五郎に奉公へ出る
		七月、江戸地震、この時期すでに本丸御用を請けている
三	一七八三	ます、奉公を辞め青梅に帰り、野口久次郎を婿にとり、青梅山田家を継ぐ
四	一七八四	八月、徳雅、再び江戸へ出て本町の薬種問屋伊勢屋吉兵衛へ奉公に出る

七	一七八七	五月、知真(鉄真)死去
寛政一	一七八九	勝五郎、ちえと結婚
三	一七九一	徳雅、奉公中に脚気となり叔父の家で一年間療養 一二月、勝五郎娘くめ生まれる 石川雅望、成子村へ移住。この頃、徳雅、雅望に師事か
四	一七九二	文右衛門、叔父柳屋徳左衛門長女ふさと結婚 みの、京都旅行、花町実家倉橋家を訪問 なか(柳屋徳左衛門娘)、花町部屋方として奉公に出る
五	一七九三	五月、柳屋五世徳左衛門死去により文右衛門家督相続 一〇月、ちえ死去により勝五郎、商売を怠る
六	一七九四	一一月、文右衛門、ふさとの間にたみ生まれる
七	一七九五	一一月、徳雅、主人伊勢屋吉兵衛死去により暇を取り、叔父喜雅の店に入る この頃、本丸大奥・尾張・紀州・鳥取藩池田家の奥向御次御用達を務める
八	一七九六	二月、徳雅家督相続
九	一七九七	勝五郎、御先手御弓組与力となる
一〇	一七九八	勝五郎、みよと再婚
一一	一七九九	淑姫御守殿御用達となる
一二	一八〇〇	三月、徳雅、なかと結婚。一〇月、とよ死去
享和一	一八〇一	二月、喜雅死去。三月、徳雅娘生まれる(翌年死去)。ねんの隠居所できる
三	一八〇三	徳雅長男庄之助生まれる、疱瘡で死去

文化一	一八〇四	五月、赤坂裏伝馬町三丁目に土地を購入。六月、なか、祥愛を出産し七月に死去 一一月、徳雅、小田原町魚問屋娘うたと再婚。ます、らくを養女とする
二	一八〇五	徳雅、うたと離婚
三	一八〇六	徳雅、かよ(神田永富町金沢屋伊兵衛娘)と再々婚
四	一八〇七	一一月、勝五郎死去。らく、かつを出産
五	一八〇八	二月、柳屋四世妻もよ死去。一一月、ねん死去。
六	一八〇九	二月、みの死去。一二月、かよ、徳次郎を出産。くめ、ねんの跡へ奉公に出る
七	一八一〇	六月、要之丞(徳川斉荘)誕生。たみ、要之丞付御末(御半下)として奉公に出る
八	一八一一	二月、火災により四谷塩町の家、西念寺など類焼 六月、赤坂裏伝馬町に移転。一〇月、質屋を始める
九	一八一二	江戸城本丸御用鑑札書替
一〇	一八一三	一一月、柏木病死
一一	一八一四	五月、盗賊に入られ、一二〇両盗まれる。九月、峯姫御守殿御用達となる。かよ父金沢屋伊兵衛死去
一二	一八一五	四月、徳雅、家斉・家慶昇進の祝能に江戸城へ招かれる
一三	一八一六	徳雅、第一回伊勢参宮の旅へ。斉荘、田安邸へ引き移る。たみ、奉公を辞め青梅柳屋へ戻る
一四	一八一七	たみ、所沢の小沢要助を婿に取る
文政一	一八一八	(文化一五年)二月、一橋家老女戸川死去。四月改元 たみ、利太郎(柳屋八世文右衛門)を出産

二	一八一九	ます・かよら上方旅行
四	一八二一	四月、徳雅、かよと離婚。一〇月、徳次郎、駿河町三井越後屋へ奉公に出る
五	一八二二	文右衛門、伊勢参宮。四月、徳雅、成田不動・筑波山・鹿島香取・銚子を旅行
六	一八二三	かつ、本丸大奥へ奉公に出る
七	一八二四	柳屋五世妻るい死去 徳雅、成田詣、妙義山から草津湯治
八	一八二五	四月、たみ、次男繁蔵を出産。たみ、要助と離婚し、江戸へ出て商売を始める
九	一八二六	祥愛、やす(深川入舟町遠州屋五郎右衛門娘)と結婚
一一	一八二八	徳雅、第二回伊勢参宮旅行 徳雅、道具家業ならびに両丸はじめ御殿出入りを養子庄五郎正矩に譲る
天保一	一八三〇	(文政一三年)閏三月、石川雅望(六樹園)死去。徳雅、奥羽名所旧跡旅行。一二月改元
二	一八三一	徳次郎、三井越後屋を暇
六	一八三五	正月、ます死去
八	一八三七	三月、たみ、品川町の家と蔵を取得する。四月、家斉より家慶への代替りにより、柳屋の御用も多くなる。柳屋、江戸城本丸・西丸出入り鑑札を請ける
九	一八三八	正月、柳屋文右衛門妻ふさ病死。三月、西丸炎上、花町へ見舞い かつ、兵三郎を婿に迎え青梅山田屋を再興
一〇	一八三九	三月、斉荘、尾張徳川家の家督を継ぐ 五月、文右衛門・かよら日光参詣

一一	一八四〇	正月、柳屋文右衛門(徳雅兄)死去。徳雅隠居し、祥愛家督を継ぐ
一二	一八四一	閏正月、一一代将軍徳川家斉逝去
一三	一八四二	徳雅、玉川(多摩川)水源探索の旅に出て水源を見つける
一四	一八四三	二月、かよ病死、西念寺に埋葬
弘化一	一八四四	(天保一五年)五月、江戸城本丸火災で花町焼死。一一月、寔子逝去。一二月改元
三	一八四六	たみの次男繁蔵を祥愛の養子に決め、庄次郎愛安と改名。愛安、いしと結婚
四	一八四七	四月、祥愛死去
嘉永一	一八四八	三月、赤坂表伝馬町より出火、住宅類焼。八月、愛安死去 青梅山田屋兵三郎・かつ夫妻、江戸山田屋を継ぐ
二	一八四九	たみ、斉荘墓参の旅
四	一八五一	四月、西念寺より出火
安政二	一八五五	一〇月、安政の大地震。一二月、徳雅死去
元治一	一八六四	七月、かつ死去
明治七	一八七四	七月、たみ死去

参考文献

●史料　原本

「奥帳」個人蔵

「萬覚帳」「ます道中覚帳」青梅市郷土博物館蔵

「嘉永七年八月改　大奥女中分限帳幷剃髪女中名前」稲生家文書　埼玉県立文書館蔵

「大奥女中分限帳」東京大学総合図書館蔵

「御守殿・御住居御附之女中名前　午九月改」彦根城博物館蔵

「金沢丹後文書」東京都江戸東京博物館蔵

●史料　活字・影印本

「道中日記」「永久田家務本傳目録」(『青梅市史史料集』52号)青梅市教育委員会、二〇〇四年

「永久田家務本傳」(『青梅市史史料集』57・58・59号)青梅市教育委員会、二〇一八・一九・二〇年

『茨城県立歴史館史料叢書23　一橋徳川家文書　徳川治済期関係史料』茨城県立歴史館、二〇二〇年

『江戸東京博物館史料叢書1・2　四谷塩町一丁目人別書上　上・下』東京都江戸東京博物館、一九九八・九九年

『官府御沙汰略記10』文献出版、一九九四年

『指田日記』武蔵村山市教育委員会、一九九四年

森銑三・金沢復一共編『金沢丹後文書1・2』東京美術、一九六八年・七〇年
金沢復一編『金沢丹後江戸菓子文様』青蛙房、一九六六年

●研究文献

赤澤春彦、二〇二〇年「四谷塩町一丁目の住民と町運営」(東京都スポーツ事業団東京都埋蔵文化財センター編『四谷一丁目遺跡 第3分冊(史料・分析編)――東京都埋蔵文化財センター調査報告第350集』東京都スポーツ事業団東京都埋蔵文化財センター)
市川寛明、二〇〇一年「江戸における人宿の生成と発展――六組飛脚屋仲間米屋田中家を事例に」(『東京都江戸東京博物館研究報告』7号)
稲葉松三郎・滝沢博校訂、一九七〇年『玉川浜源日記』慶友社
今江廣道(研究代表者)一九九八年「近世公家の家系の研究」(一九九四年度―七年度科学研究費補助金 基礎研究A2研究成果報告書)
岩淵令治、二〇〇九年「江戸の御用菓子屋・金沢丹後――武家の消費と上菓子屋の成長」(『和菓子』16号)
岩淵令治、二〇二〇年「町の概要」「十八世紀の四谷塩町一丁目の地主と地借」(『四谷一丁目遺跡 第3分冊』、前掲(赤澤、二〇二〇)に同じ)
氏家幹人、二〇〇一年『小石川御家人物語』学陽書房
大口勇次郎、二〇一九年「女性の武家奉公」(総合女性史学会『女性労働の日本史』勉誠出版)
川田貞夫、一九九七年『川路聖謨』吉川弘文館
沓掛良彦、二〇〇七年『大田南畝』ミネルヴァ書房
崎山健文、二〇一九年「武家から輿入れした御台所――十一代将軍家斉の御台所寔子」(『論集大奥人物研究』

東京堂出版）
笹目礼子、二〇一八年「一橋治済の邸制改革にみる大奥整備」（『茨城県立歴史館報』45）
柴桂子、二〇〇五年『近世の女旅日記事典』東京堂出版
高田綾子、二〇一九年「徳川幕府における〈乳母〉」（『論集大奥人物研究』東京堂出版）
高橋元貴、二〇二〇年「屋敷割、土地所有とその利用形態」「近代以降期の四谷塩町一丁目の社会と空間」（『四谷一丁目遺跡 第3分冊』、前掲〔赤澤、二〇二〇〕に同じ）
高橋陽一、二〇一六年『近世旅行史の研究』清文堂出版
高山慶子、二〇二〇年『江戸の名主馬込勘解由』春風社
西田幸夫、二〇一二年「目黒行人坂大火の火災被害」（『火災』通号316号）
長谷川貴彦編、二〇二〇年『エゴ・ドキュメントの歴史学』岩波書店
畑尚子、二〇〇八年「奉公と婚姻――在郷商人の娘たち」（『多摩のあゆみ』131号）
畑尚子、二〇〇九年『徳川政権下の大奥と奥女中』岩波書店
畑尚子、二〇一八年『島津家の内願と大奥』同成社
畑尚子、二〇二二年「大奥女中の上京と三井越後屋」（『國史學』234号）
浜田義一郎、一九八六年『大田南畝』吉川弘文館
深井甚三、一九九五年『近世女性旅と街道交通』桂書房
深谷克己、二〇〇六年『江戸時代の身分願望』吉川弘文館
福重旨乃、二〇二一年「近世における市谷七軒町」（『四谷一丁目遺跡』7、加藤建設）
福田千鶴、二〇一八年『近世武家社会の奥向構造』吉川弘文館
福留真紀、二〇一八年『名門水野家の復活』新潮社

福留真紀、二〇一九年「大奥御年寄の養子縁組――綱吉政権期の御年寄松枝をめぐって」(幕藩研究会編『論集近世国家と幕府・藩』岩田書院)
藤田覚、二〇〇七年『田沼意次』ミネルヴァ書房
牧野悟資、二〇〇四年「『狂歌波津加蛭子』考――石川雅望の狂歌活動再開を巡って」(『近世文藝』80号)
山本志乃、二〇一八年「旅する女たち」(『家の文化学』青簡舎)
山本光正、二〇一三年『川柳旅日記　その2(京・伊勢そして西国を巡る)』同成社
横山百合子、二〇〇一年「近世後期江戸における町人の家とジェンダー――土地所持と家業経営の視点から」(『ジェンダーで読み解く江戸時代』三省堂)
吉岡孝、二〇〇二年『八王子千人同心』同成社

●図録

『上杉家　葵の姫のものがたり――徳川家三姉妹の守刀』米沢市上杉博物館、二〇一九年
『宇和島伊達家伝来品図録』宇和島市立伊達博物館、二〇〇七年
『江戸城』東京都江戸東京博物館、読売新聞本社、二〇〇七年
『青梅宿――町の生活・文芸・祭礼』青梅市郷土博物館、一九九九年
『蜀山人』大田南畝と江戸のまち』新宿区立新宿歴史博物館、二〇一一年
『大定信展――松平定信の軌跡』桑名市・白河市合同企画展実行委員会、二〇一五年
『内藤新宿　くらしが創る歴史と文化』新宿区教育委員会、一九九八年
『四谷塩町からみる江戸のまち――近世考古学の世界』新宿区立新宿歴史博物館、二〇二一年

あとがき

私が「永久田家務本傳」と最初に出会ったのは一九九九年で、江戸東京たてもの園で行った「多摩の女性の武家奉公」という展覧会に学芸員として携わり、原本を展示した時である。この展示は私が大奥研究を始める切っ掛けとなったものである。また、この展示が呼び水となり、「永久田家務本傳」の存在が世間に知られるようになった。二〇〇四年に青梅市が『永久田家務本傳目録』を翻刻し、それに基づき私が『徳川政権下の大奥と奥女中』の中で商売と奉公の関係を考察した。

二〇一八年夏、青梅市郷土博物館館長北村和寛氏より、『永久田家務本傳(一)』の書評を多摩地域の郷土誌『多摩のあゆみ』に書いてほしい、とお手紙を頂いた。九月に原稿を出した直後、私はギラン・バレー症候群という病気を発症した。入院生活は半年に及んだが、病院に届けられた『多摩のあゆみ』(172号)が、時には挫けそうになる気持ちを奮い立たせてくれた。

二〇一九年春、退院したがしばらくはヘルパーに補助してもらう生活が続いた。そんな時、『永久田家務本傳(二)』が手元に届く。最初の数ページで「花町」ら懐かしい名前を発見し、その内容に小躍りした。

その年の秋に調布市で「永久田家務本傳」を核に据えた講演を行ったが、私の中では消化不良で、まとめて確かなものにしたいという気持ちが湧いてきた。二〇二〇年、体調はほぼ元に戻ってきたが、世界中を新型コロナの大流行が襲った。自粛生活のなか細々と執筆を開始した。

二〇一九年秋と二〇二〇年秋、二〇二二年夏と三度にわたり青梅を訪れ、北村氏に御世話になり、青梅市郷土博物館で関係史料の撮影を行った。二〇二〇年秋には黒田家を訪問して、現当主・佳孝氏に維新期の黒田家の動向についてお話を伺い、今夏には小林家を訪ね、現当主・康男氏のお計らいでたみの遺品を拝見させていただいた。また、黒田一之の子孫、一成氏や西念寺の御住職にも黒田家の先祖について調べていただいた。ここに厚く御礼を申し上げたい。

私が新宿区の四谷界隈に引っ越してきてから、二〇年程が経過した。子供の頃、父の仕事の関係でいくつかの土地に住んだが、この街は自ら選んだ所で、利便性もよく住みやすく気に入っている。ここが終焉の地になるかはわからないが、今山田屋黒田家ゆかりの地に住んでいるのは感慨深い。

学位論文『徳川政権下の大奥と奥女中』の刊行に当たりお世話になった岩波書店の入江仰氏に、今回も丁寧に目を通し、編集をして頂いたことを感謝したい。

最後に私の入院生活を支えてくれた病院関係者と友人らに感謝を述べ、筆を置きたい。

二〇二二年七月

畑　尚子

畑 尚子
1961年生．國學院大學大学院文学研究科日本史学専攻修了．博士(歴史学)．日本近世史専攻．國學院大學，青山学院大学非常勤講師．
著書に，『江戸奥女中物語』(講談社現代新書)，『幕末の大奥――天璋院と薩摩藩』(岩波新書)，『徳川政権下の大奥と奥女中』(岩波書店)，『島津家の内願と大奥――「風のしるへ」翻刻』(同成社)，『戊辰戦争の新視点　上』(共著，吉川弘文館)などがある．

大奥御用商人とその一族―道具商山田屋の家伝より

2022年10月27日　第1刷発行

著 者　畑《はた》 尚子《ひさこ》

発行者　坂本政謙

発行所　株式会社 岩波書店
〒101-8002 東京都千代田区一ツ橋 2-5-5
電話案内 03-5210-4000
http://www.iwanami.co.jp/

印刷・三秀舎　製本・松岳社

ISBN 978-4-00-061563-1　　Printed in Japan

ドードーをめぐる堂々めぐり
——正保四年に消えた絶滅鳥を追って
川端裕人
四六判二五四頁
定価二九七〇円

江戸にラクダがやって来た
——日本人と異国・自国の形象
川添裕
四六判三七四頁
定価三一九〇円

江戸遊民の擾乱
転換期日本の民衆文化と権力
平野克弥
本橋哲也 訳
A5判三八二頁
定価五〇六〇円

泰平を演じる
——徳川期日本の政治空間と「公然の秘密」
ルーク・S・ロバーツ
三谷博 監訳
友田健太郎 訳
A5判二八八頁
定価四九五〇円

江戸問答
田中優子
松岡正剛
岩波新書
定価一一〇〇円

岩波書店刊
定価は消費税10%込です
2022年10月現在